高中地理
教学实践与思考

谢小庭 ◎ 著

广东高等教育出版社
Guangdong Higher Education Press
·广州·

图书在版编目（CIP）数据

高中地理教学实践与思考/谢小庭著. —广州：广东高等教育出版社，2022.12

ISBN 978-7-5361-7367-5

Ⅰ. ①高… Ⅱ. ①谢… Ⅲ. ①中学地理课-教学研究-高中 Ⅳ. ①G633.552

中国版本图书馆 CIP 数据核字（2022）第 229455 号

出版发行	广东高等教育出版社 地址：广州市天河区林和西横路 邮政编码：510500　电话：（020）87554152　87551163 http://www.gdgjs.com.cn
印　　刷	东莞市雅达彩印有限公司
开　　本	787 毫米×1 092 毫米　1/16
印　　张	11.75
字　　数	285 千
版　　次	2022 年 12 月第 1 版
印　　次	2022 年 12 月第 1 次印刷
定　　价	38.00 元

序

一天，谢小庭老师把一沓厚厚的书稿递给我，并请我给他的书写个序言。给了我一个惊喜。虽然深知他是一名孜孜不倦的教育追梦人，但看到这么丰硕厚实的成果，还是让我敬佩不已。当年黄杨山下斗门一中地理科组聚集了一帮年轻人，借助黄杨山大地构造的精神，戮力同心，勤于耕耘，迅速成长为珠海市地理群体的中坚力量。谢小庭老师就成长在这个团队中，是其中的佼佼者之一。

近三十年来，谢小庭老师无论是作为一线地理教师，还是作为学校的管理者，一直坚持着他的教育初心，坚守着他的教育情怀，深耕三尺讲台，并用自己的积极探索和执着追求，做出了不斐的业绩。

十多年前进行新中国成立后基础教育的第八次课程改革之时，人民教育出版社选中了谢小庭老师的全国优秀课例，到学校来录制他的课，由此加深了我对谢小庭老师的了解，当年还是一位青年地理教师，同时兼任学校的团委书记，谢小庭老师的地理课讲得意气风发，充满活力。

青年时代，谢小庭老师和本科组的老师们齐心协力，开发出了斗门一中校园中的地理教学资源，在高一自然地理教学中，把校园中山坡的冲积地貌、沟谷地貌等自然地理教学资源充分运用到教学当中，一下子拉近了书本知识与自然界的距离，让学生们可以足不出校，就能身处大自然中，体会自然环境，探究自然地理，这在学生外出研学受限的境况下，就变得非常有实用价值；近年来，全市高中地理学科组织命题比赛，他作为评委，对新课改、新高考下的试题命题做了深入的研究，并在全市地理教师培训会上做了归纳总结和经验介绍，让全市同行受益匪浅。他本人更是带着老师们亲自参加广东省命题比赛，获得全省二等奖的佳绩。在市组织的高中地理教师野外地学考察活动中，谢小庭老师走在地质剖面、教学景观点的最前沿，把考察培训的收获经过认真整理，面向全市高中地理教师做了一场专门的学习总结讲座，对于无法现场参加野外教学培训的老师来说，时空被延伸了，讲座及时有效地拓展了地理教师的专业视野，对于高中地理教学和高考备考都有着极大的启发意义，使教师的地理继续教育生动且有实用价值。

从斗门区第一中学到田家炳中学，再到和风中学，谢小庭老师几经换岗，但却始终保持着不变的初心——对教育的热爱和执着，正因为如此，才有了如此厚重的积淀。他在田家炳中学担任校级领导十一年，因为工作关系，了解到企业家、慈善家田家炳先生是自己的同乡，更加细致地了解了田老的大规模善举、义举的细节。同时，也对田老的精神世界和人生追求有了很多深刻的体会、理解和感悟，谢小庭老师把这些信息宣讲给了珠海市中学地理教师，很好地传承了中华民族优秀的传统文化，传承了田老的大爱无疆精神，启发了地理教师的教育理想。田老百岁仙逝，田老精神永驻人心。

谢小庭老师在学校教学管理岗位上，毕业年级的管理和教学工作、新高考试题、新教材的研究工作都在同时推进。在繁忙的学校教学管理工作中，没有脱离地理教学一线，时刻关注课改的每一个的新动态，这奠定了他作为一个学校教学管理者的底气。管理工作与时俱进，紧跟时代发展的步伐，持续不断研究着新高考试题、新教材的新变化，课堂教学有新意、有深度，学生收获良多。作为珠海市名教师，他充分发挥自己的引领作用，身体力行带动了本学科和外学科教师适应课改的变化，调适教学。2021 年斗门一中地理教研组被评珠海市中小学示范教研组。

谢小庭老师是一位内心正义富有爱心、很有教育情怀、具备先进教育理念、教育方法科学多样、教学思想稳固扎实、教学水平高企、教育管理行稳致远的地理教育工作者，是一位勤于实践、笔耕不辍的地理教师。近年来，谢小庭老师把自己的教学思考、研究和积累撰写了一篇篇论文、教育纪事，以及一个个专业讲座、报告，面向了广泛的地理同行、各学科青年教师，以及中学生群体，很好地扶持了同行的专业研究，提携了青年教师的专业发展，共同探讨着高中地理教育教学的发展变化，努力践行着珠海市教育高质量发展的新局面。

谢小庭老师对书法、声乐等艺术有着精深的研究，尤其书法艺术造诣高深。艺术熏陶冶炼了他的教学风格，美育渗透在日常教育当中，书法艺术丰厚的文化内涵底蕴浸润了他的教育教学思想，形成了积极向上、宽厚广博、丰富多彩、关爱学生、深入钻研的教育教学风格。

近日谢小庭老师将自己的教育教学研究成果和积淀结成了一部教育教学专著，他的专业关注和积累，与《中学教师专业标准》的框架高度契合。托我写几句，深感荣幸。撰写此文过程也有一点感触，一方面感觉千言万语不知从何说起，一方面下笔如有神助，一气呵成。细想想，可能是比较了解谢小庭老师的专业追求和成就，也深受启发，一位好的教育工作者，不仅能讲好课，带好学生，做出成绩，还能将自己的教学过程、教学发现和教学研究整理成文，与同行共同交流，深度研讨。

谨写此序，祝贺小庭老师的教育专著正式出版。

刘宏光

2022 年 10 月

前　　言

白驹过隙，光阴荏苒。不经意间自己从教已近三十年，回首来时路，我时常思考自己究竟有哪些值得总结的地方？有哪些短板要及时补齐？还有哪些方面需要继续提升？

卅载光阴弹指过，未应磨染是初心。珍惜本职工作，爱岗敬业，恪尽职守，在面对学生时有更多的爱心、耐心和责任心，始终保持对教育教学的工作热情，是教师的成长之道。我们这一代人在中学时期接受教育时，是相对缺少生涯规划引导的，所以即便有点滴的成长，一部分也是依赖于外力的推动。成长是需要内驱力的，有了内驱力，教师专业成长才能持久。内驱力从何而来？我想还是职业理想吧。

2011 年底颁布的《中学教师专业标准（试行）》（以下简称《专业标准》），是国家对合格中学教师的基本专业要求，是中学教师开展教育教学活动的基本规范，是引导中学教师专业发展的基本准则，也是中学教师培养、准入、培训、考核等工作的重要依据。基本内容从教师的专业理念与师德、专业知识和专业能力三个维度提出要求。

对照《专业标准》，我把个人从教以来对教学的实践做了对标性的检视，做了汇编并付梓成书。一来算为自己从教近三十年做一个总结，二来也是对自己的一种鞭策，促使自己不断反思，继续前行。其中有少数几篇论文，是十几年前甚至是二十几年前所写，文中对教育教学的一些提法已有时过境迁之异，但考虑到那也是当时对教学实践的思考和探索，因此也一并编入，权当记录自己成长的足迹。由于时间仓促，水平所限，难免有言不达意之处，敬请读者不吝赐教。

谢小庭
2022 年 5 月

目　录

★ 第一篇　专业理念与师德 ★

★ 第二篇　专业知识 ★

★ 第三篇　专业能力 ★

第一篇 专业理念与师德

百年大计，教育为本。教育大计，教师为本。教师大计，师德为本。著名教育家陶行知先生说“德高为师，身正为范”“学深为师，品正为范”。其中，教师普遍会认为运用专业知识和专业能力做好教学设计、教学实施和教学评价就足够了，这是本分，是全部内容。因此在专业化成长中，专业理念和师德是容易被教师所忽略的，因为这部分体现在课堂上，受众是学生，相对缺少监督和评价。其实中学教师专业标准有四个基本理念，“师德为先”排在首位。专业理念与师德包括了职业观、学生观、教育观和个人修养（即对职业的理解与认识、对学生的态度和行为、对教育教学的态度和行为、个人的修养和行为）。

师德是教师具备的最基本的道德素养，师风是教师这个行业的风尚风气，它是教师在从事教育活动中必须遵守的道德规范和行为准则，以及与之相适应的道德观念情操和品质，它体现了社会和人民对教师的希望和要求。

《专业标准》中把专业态度维度表述为“专业理念与师德”，是三个维度中最上位的维度，也是最重要的维度，对教学活动具有关键的指导和引领作用。地理教师的专业态度从对象上划分，可以分为职业观、学生观、教学观和道德观四个方面。师德是教师素质的首要组成部分。

享受教育，“四力”驱动地理教师专业成长

朱永新教授在《享受与幸福》一书的自序中写道：

享受教育，
你就多了一双发现的眼睛，
每一个孩子的潜能就会激情迸射，
每一个孩子的个性就会轻舞飞扬，
而你，
也就如同插上了飞翔的翅膀。

我想，朱教授是热爱教育的。唯有热爱，才能享受其中。同时，他对教师工作也一定有着高度的职业认同。因为，只有建立内在的职业认同，才会有发自内心的精神满足，才会感受到职业带来的幸福与生命价值，才能促进真正的专业发展。

现在能在高中学校就业的青年教师，都是高等院校毕业生中的佼佼者，但走上工作岗位以后，个人的成长有快有慢，那么造成这种差距的原因是什么？困扰青年教师的因素有哪些？只是没有目标、规划？抑或缺乏激情和追求？还是学校对他们的发展和成长关心培养不够？这些问题都值得我们深入思考和探讨。我相信，每个人生来是向上向善向美的，是什么让一些教师会在岗位上逐渐没有了激情和动力呢？是骨感的现实？还是其他？又该如何在理想和现实中寻找平衡点？在当下快节奏的工作和生活中，青年教师如何对当代的教育现状有足够的认识和了解。

浙江省名校长罗树庚在《教师如何快速成长》中，把引领教师生长的力量归纳为六种力，我个人高度认同，并在此基础上进一步总结为四种力：有了职业规划，就有了这“四力”，即内驱力、学习力、反思力和实践力。这四力的关系如果把内驱力比作一台发动机的话，那么学习力就好比是给发动机源源不断提供能源的燃料，反思力则是决定汽车前行方向的方向盘，而实践力则像是汽车上的导航，能更便捷地按照主人的意愿正确行进。

对于教师的专业化发展，职业动机理论、需求层次理论、建构主义学习理论、教师专业发展阶段理论和终身学习理论一致认为，学习和反思是促进教师成长的有效途径。理论基础关系如图 1 –1 所示。

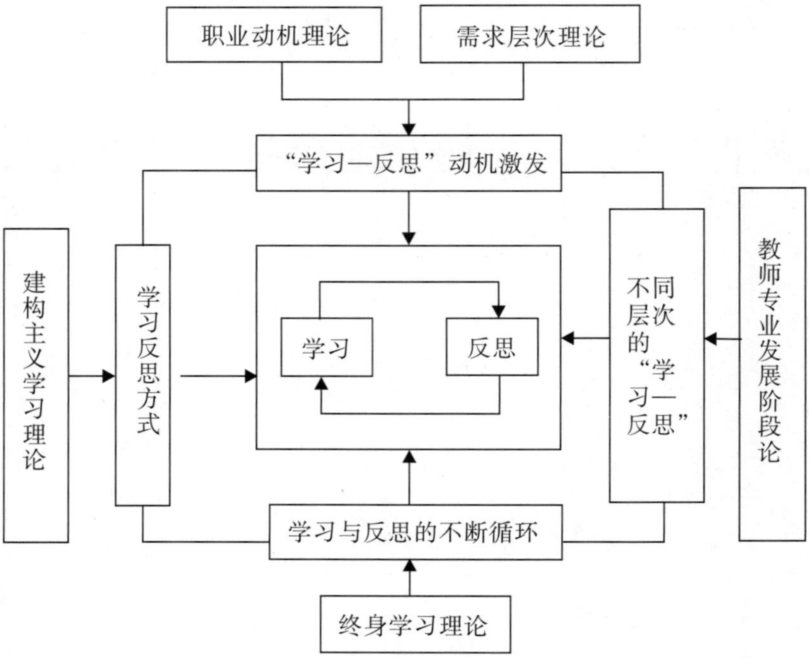

图1－1　高中地理教师专业化模式理论基础关系图

一、内驱力是教师向上生长的力量

拿地理学科的风向（如图1－2所示）来打个比方再恰切不过，内驱力就像气压梯度力，是直接动力。教师一旦走上工作岗位，开始教学生涯，就会遇到各种困难甚至是矛盾冲突，也就会改变这个走向。

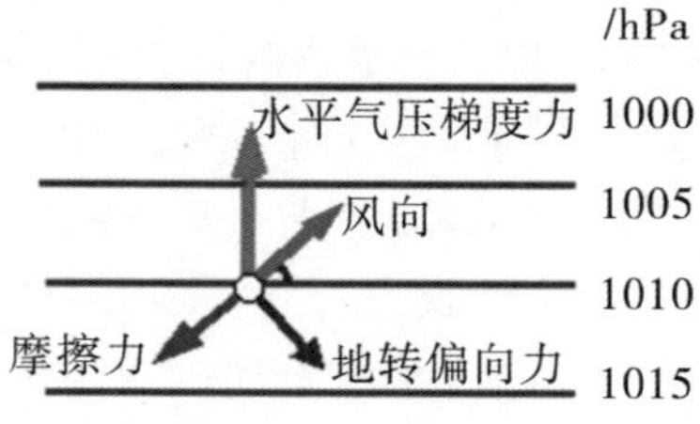

图1－2　北半球近地面的风向

地理教师专业化发展是教师个体自主学习与反思而得到发展的过程，在这个过程中，良好的职业动机对于推动地理教师专业化发展具有非常重要的意义，是地理教师专业化发展的动力和终身学习的动力。马克思主义哲学认为，发展是内外因共同作用的结果，内因是事物取得发展的主要因素，外因是事物发展的推动力。因此，一个良好的教师职业内在动机能发起、推动、维持并强化地理教师的专业化发展。职业动机理论模型如图 1－3 所示。

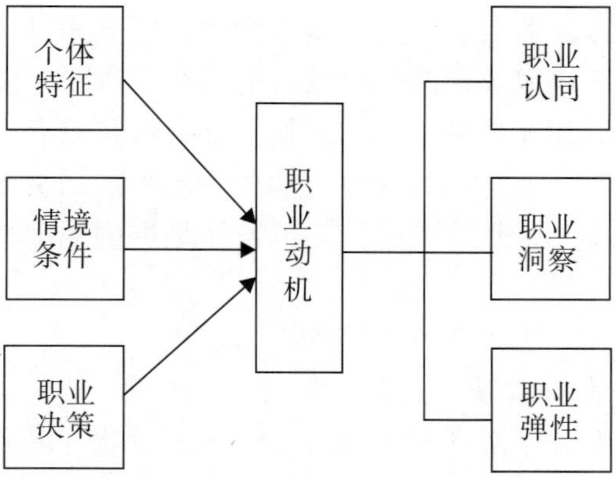

图 1－3 职业动机理论模型

前不久，北京师范大学附属中学（北京）地理教研组长张丽雅老师发起了“地理学科对你的影响”的话题：

昨天加班的时候我问她们：“你们觉得学习地理对学生最大的影响和改变是什么”？类似的问题我也常常与人讨论，因为不想明白，我们的教学就没有方向。几位年轻教师分享了感受：学完地理，学生会带着一种了解、一种感情面对自然的一切，因为懂得，所以热爱；看到山看到水不会走马观花，眼睛不会离不开手机，能感受自然的美；一块岩石可能是上万年前形成，沧海桑田，自然的力量……看到这些就不会总是很狭隘地纠结于琐碎的小事，而会形成一种宏大的格局；多一种看待世界的方法，顺服自然，万物运行有常；地理非常综合，有助于用系统分析的方法看待事物……大家分享的都特别好，有这样清醒的认知，就会常常提醒我们初心还在，地理教学不是只有知识点，要有一种价值观，关于资源环境等，还有关于美的欣赏。

我非常赞同张老师以上的观点，要喜欢地理学科，热爱这门职业，只有源自价值认同，工作才会有内驱力。

我呼应了张丽雅老师的看法：

地理人总是善于运用地理学上的原理解释地理现象，从而启发教育工作者在教育教学行为中善于用教育学、心理学和哲学的思想来开展、反思和总结工作。在不同时空尺度和人地关系观的研究中，启发地理人养成规划的习惯，并灵活处理微观和宏观、个人与集体的工作关系。

张老师回应我：

今天分享了组内教师对地理教学意义的交流，来自珠海的谢小庭副校长说：关于美学的教育，使他想到了《中国国家地理》关于热融湖塘的一段话。他的学生还就此跟他展开了讨论，没想到今年高考题也出现了热融湖塘。我们的体会：积极参与地理观察、地理实践的孩子，既能获得学习乐趣，增强学科素养，还会取得满意的成绩。一举多得！

从以上的交流我们可以认识到，热爱是最核心的内驱动。

我们可以把影响地理教师专业化的因素分为内在因素和外在因素，内在因素是地理教师自身及主观上对于地理教师专业化发展的动机、看法定位及其整个人生发展的规划等，外在因素则包括地理教师工作的环境、社会地位及薪金报酬等因素。教师的主动发展是教育质量提升、学生精神解放、学生主动发展的关键。地理教师的从业动机、人格特征和思维品质、职业发展定位三个方面是影响地理教师专业化发展的内在因素。

要增强内驱力，我认为地理教师要解决以下问题：

1. 你在为谁工作？认识家庭、社会、学生几种关系

我在培训中举例都市情感剧《三十而已》主人公钟晓芹和陈屿结婚三年多后，因“有一种婚姻，从今往后的每一天都可以预见，就是越过越糟心！”而离婚，后来又复婚。个人的结论是：问题的出现源自态度与沟通，问题的解决也源自于态度和沟通。所以，态度与沟通是解决问题的有效途径，婚姻如此，工作亦然。有时，工作和家庭是一对矛盾体：工作搞好了，会给家庭带来收益和欢乐，而工作不顺心就会使家庭烦事密布。同样，家庭生活的优劣也会反作用于工作。因此，要处理好这些关系，主观上自己必须对工作、对生活要有一个积极的、热情的心态去努力经营，如果自己微笑地面对生活，那么生活也会给你微笑。如果把家当作事业来经营，把事业当作家来爱，一切矛盾都会迎刃而解。充分认识和协调好家庭、社会、学生之间的关系，职业发展才能始终在正常轨道上运行。

2. 伸手摘星，要认识到你高高跃起的身影就是月光下最美的风景

现在很多评优评先都要自己积极主动报名和竞选，教师作为文人，特别内敛、矜持、低调，要面子，很多教师不会去主动争取，甚至有个别人揣测这些是否都是由校长一个人来决定的。

浙江省名校长罗树庚在《教师如何快速成长》中写道：“从教近30年，我在四所学校工作过，遇到过好几位校长，他们给我的共同感受是恨不得你快速成长，成为顶梁柱，我不知道是自己幸运还是天底下绝大部分校长都是这样的，他们巴不得你发展得越来越好，最好能‘青出于蓝而胜于蓝’。”

所以，让自己变得优秀并认可自己的优秀，要成为个人的自觉，这也是时代的要求。你不报名不试试看，你怎么知道结果呢？老师有老师的压力，校长也有校长的压力，我们能做的是把压力转化为动力。

李镇西说：对校长来说，第一压力应该来自对每一个孩子喜怒哀乐的牵挂，对他们课内是否凝神谛听的惦记，对他们课间是否快乐玩耍的系念……为了孩子，他会因某一位教师专业技能不够娴熟影响孩子的学习而忧虑，他会因某一位教师不恰当的教育手段伤害了孩子的自尊而不安，他会因某一位家长家庭教育方式不当而为孩子忧心

忡忡，他会因孩子们由于作业负担过重导致睡眠不足而深深自责……以上种种都不是因为“上面”的“要求”“规定”“考核”或“一票否决”，而是源于内心深处的职业良知和教育责任。

从这个意义上说，所谓“校长的第一压力”其实是校长自己给自己的，是他事业的内驱力。

3. 以终为始，要养成规划的习惯

依我个人的成长经历，青年教师要有这样的认识：对工作任务，只要领导敢派，你就要敢接。乐于接受任务是一个态度问题，完成效果如果是能力问题。这人啊不折腾折腾，都不知道自己有多强！你不逼自己一把，根本不知道自己有多优秀！俗话说：吃不穷，穿不穷，不会“算计”一生穷。要善于“算计”（规划）自己的职业生涯，让自己感到伟大——能让学生早上醒来感到好幸福：因为今天我又要去上那个老师的课了！

4. 增强研究和行动，要在平凡中坚守，在小事中积累

时代的发展让大众对教育有更多的期盼，这势必让教育的工作量大大增加，由过去的抓特殊学生（特别优秀的学生和问题学生），转变为心中装着所有的学生，要求研究每一位学生的成长。当我们需要关注学生的全面信息，对他们进行教育的时候，科学的分析学生、帮助学生成长就成为一个专业的挑战。过去那种比名次、比分数的分析方式特别简单，但是今天已经不适用了。当我们重视学生个体信息档案的时候，为每一个学生建立个人信息平台的时候，如何保证信息的真实性、公正性就成为最大的挑战，否则就会造成严重的教育后果。（李希贵《新学校十讲》）

因此，我们要增强专业研究，把工作做得扎实而细致，教育学生要春风化雨、润物无声。

二、学习力是教育的前提，改善教师的专业结构、智慧和精神

教师的劳动，难以有很准确的时空界限，难以有准确量化的工作时间和质量，更难以时时刻刻地进行监督，很大程度上要凭教师高度的自觉性、责任感、荣誉感和一颗积极进取的心来激励和约束自己。所以教师的良知不仅在坚守教育常识上，还要体现在教育伦理上，尤其是在履约上。

（一）地理专业知识的构成

良好的专业知识是一名合格高中地理教师的基石，是一名教师能向学生“传道授业解惑”的基础与源泉。地理教师的专业知识由本体性知识、条件性知识、实践性知识和通识性知识四个部分组成。

1. 本体性知识

本体性知识即学科知识，这是保证“教对”所需的知识，详见图 1－4 及图 1－5。

- 高中地理教师必备的本体性知识
  - 自然地理知识
    - 地球基础知识
    - 综合自然地理学
    - 地貌学
    - 气候学
    - 水文地理学
    - 动物地理学
    - 植物地理学
    - 土壤地理学
    - 掌握自然地理要素的结构、特征、成因。如变化发展规律；自然地理要素间的相互关系，彼此间的物质循环和能量转化的动态过程；自然地理环境的整体性和地城分异规律:各区域或某一方面自然特征的综合比较；自然资源评价；受人类干扰、控制的人为环境的变化特点、发展趋势、存在的问题，以及合理利用途径和整治措施等
  - 人文地理知识
    - 政治地理学
    - 经济地理学
    - 社会地理学
    - 文化地理学
    - 人种地理学
    - 人口地理学
    - 聚落地理学
    - 既要认识到自然环境对人文事物及现象分布、扩散和变化的制约作用，又要认识到社会、经济、文化和政治等要素，尤其是生产方式和社会经济制度对人文事物及现象所起到的十分重要的作用；既要掌握人地关系基本理论，也要掌握尽可能多的相关地理事实
  - 区域地理知识
    - 世界地理知识
    - 分区和分国地理知识
    - 乡土地理知识
    - 区域地理环境与人类活动
    - 区域可持续发展
    - 区域差异知识
    - 重点分析这些地区的人地关系——地理环境对人的影响和人对地理环境的适应、利用、改造，以及区城差异的分析比较。区城自然条件和资源评价
  - 地图知识
  - 3S技术及其进展方面的知识
    - 掌握它们的基本概念、基本原理、基本用途、CIS软件基本操作、普通CPS接收器的使用方法和遥感地图判读方法
  - 现代地理学与相邻学科交叉和渗透而产生的新知识

图 1－4　高中地理教师必备的地理学科知识

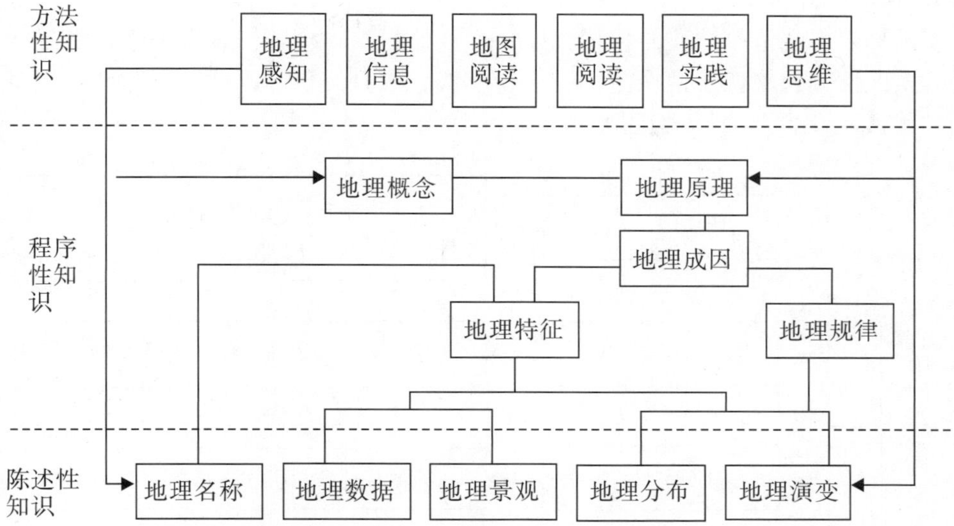

图 1－5　高中地理教师地理知识层次体系

（引自：李家清. 地理课程与教学论［M］. 武汉：华中师范大学出版社，2010：192.）

2. 条件性知识

条件性知识即关于教学的知识（见图 1－6），主要解决怎么教的问题，是保证“教会”的知识，这就必须掌握教学技能和学生情感，要知道学生怎么学才能更好地把握怎么教。

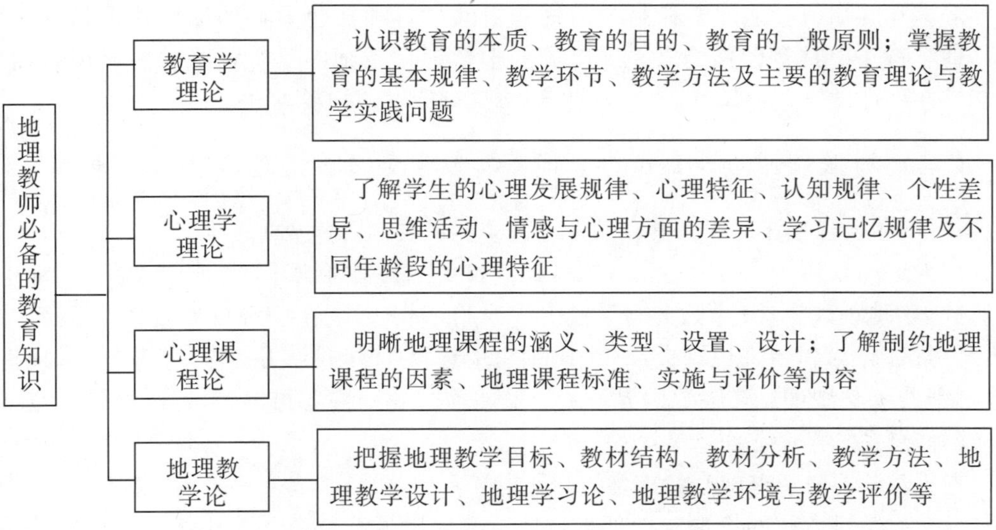

图 1－6　高中地理教师教育知识结构图

3．实践性知识

实践性知识就是一个人的智慧，是一个教师的教育机智，表现为临机处置问题的能力。实践性知识来源于两个方面：一是实践，二是反思。因此，实践性知识可以表述为“实践＋反思”，具体如图1－7所示。

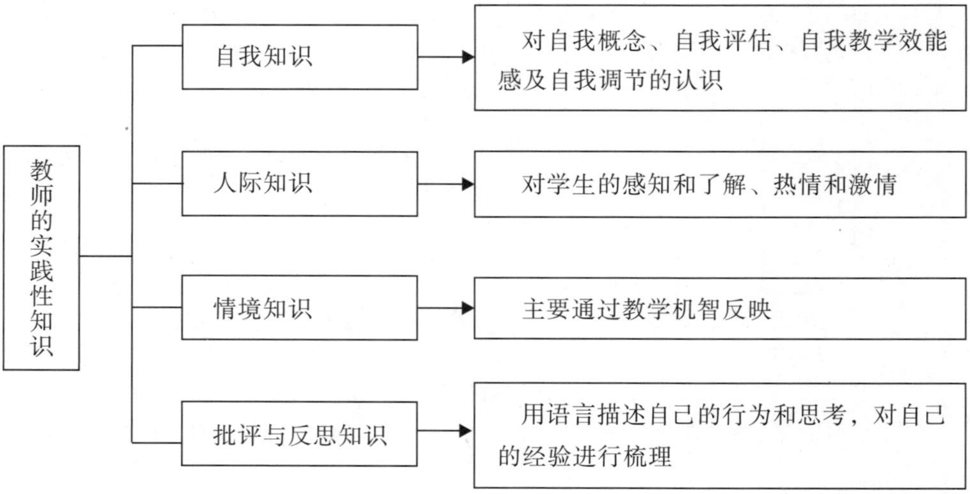

图1－7　教师的实践性知识结构图①

4．通识性知识

它是作为教师必备的常识性知识，包括政治、经济、历史、天文学、数学、法律、美学等基本的知识。地理学科是一门横跨自然学科和社会学科的综合性很强的学科，与其他学科知识具有较强的联系，广大的中学地理教师，只有熟练掌握通识性知识，才能够在地理课堂上为学生清楚准确地讲解地理问题或现象。

（二）增强教师的专业能力，提高其教学智慧，充盈其育人精神

1．书籍是思想深沉的土壤，助力把握学科本质，培养学科思维

作为地理教师，要阅读各领域的书籍，如《中国国家地理》《地理教育》《地理教学》《中学地理教学参考》《地球》《中华遗产》《地图》《中国校外教育》《教育界》《地理考试报》《世界知识画报》《美国国家地理》《博物》《中华文化遗产》《地理学报》《华夏人文地理》《旅游世界》《华夏地理》……内容可涉及海洋、城市、旅游、经济、信息系统等诸方面。

青年教师容易忽略两个最重要的问题：

一是对学科本质的把握。地理学科以空间、区域、综合、人地相关、动态的角度分析解决地理问题是其独特的眼光和视角，是区别于其他学科最主要的学科思想方法

① 引自：陈向明．实践性知识：教师专业发展的知识基础［J］．北京大学教育评论，2003（1）

和本质特性。体现在：抓不住空间特性，学科区域性就不明显；没有阐明“联系”，地理学科综合性就不突出；价值观目标虚化，人地协调观等地理观念教学就落实不到位。

二是对学科思维的培养。它是教学的重点也是教学的难点，更是青年教师容易忽略的方面。中学地理教学中落实地理学科核心素养的教学路径是：依托区域情境进行综合思维，运用综合思维进行区域认知和实践运用，在实践运用中获得人地协调观。高中地理学科思维体系的基本内涵如图 1－8 所示。

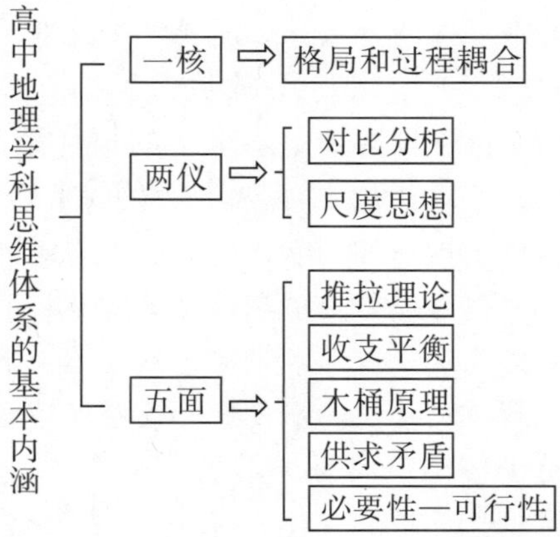

图 1－8　高中地理学科思维体系的基本内涵

（引自：陈诗吉，姚培泰：《指向问题解决的高中地理学科思维体系构建与应用》）

要运用综合思维方式思考地理现象。如 2021 年河南特大暴雨就是多因素的叠加使然，副热带高压位置偏北、偏强，它的南侧就给水汽输送让出了一个通道，“烟花”搅动过程中促使海上水汽被源源不断地输送到我国内陆区域。当水汽被输送到河南地区之后，冷暖空气在此交汇结合，再加上低压涡旋这个夏季常见的暴雨天气系统及地势条件中迎风坡对水汽的急剧抬升，导致降水云团不断生成和“滞留”，几方面因素环环相扣造成了历史罕见的降水。

再举一例：

（2018 全国卷Ⅱ）地处黄土高原的汾川河流域多年来，植被覆盖率大幅度提高。2013 年 7 月，汾川河流域降水异常增多。下表为当月 6 次降水过程的时长、降水量和汾川河洪峰情况。第 5 次降水形成的洪水含沙量低，第 6 次降水形成的洪水含沙量极高。据此完成 9～11 题。

降水序号	降水历时/天	降水量/mm	汾川河洪峰情况
1	2	53.0	无明显洪峰
2	4	80.3	无明显洪峰
3	5	100.1	无明显洪峰
4	2	73.2	无明显洪峰
5	2	90.7	洪峰流量 346 m^3/s
6	2	54.4	洪峰流量 1 750 m^3/s

9. 汾川河流域植被覆盖率大幅度提高能够

A. 减少降水变率　　　　　　　　B. 减少河水含沙量

C. 增加降水量　　　　　　　　　D. 加大河流径流量

10. 第5次降水产生洪峰的原因是此次降水

①历时长　②强度大　③下渗少　④植被截流少

A. ①②　　B. ②③　　C. ③④　　D. ①④

11. 第6次降水产生的洪水含沙量极高，其泥沙主要源于

A. 河床　　B. 沟谷　　C. 裸露坡面　　D. 植被覆盖坡面

其中第11题超出了我们平常的认知：降水多的情况下其侵蚀量大，含沙量应该多。其实这是一种特殊现象，“事出无常”，需要我们抛弃普遍规律去思考。因此，我们要根据真实情境，进行合理的推理和判断，建立如下思维链：

降水量少，但洪峰量大⇨因为本月内前期连续的降水，地表土壤含水量接近饱和，下渗量极小，降水大多转化为地表径流形式汇流形成洪水导致⇨经过前期连续的降水，河床、沟谷及裸露坡面处连续多次接受雨水侵蚀⇨表层泥沙已经侵蚀得差不多了；第6次这些区域同样还是要接受侵蚀⇨但因为降水强度小于第5次，所以这三个区域接受的侵蚀也会小于第5次，泥沙含量多肯定不是来源于这三处⇨有植被覆盖的坡面⇨经过多次的降水+地处黄土高原（土质疏松），土壤中的泥沙与水混在一起变得松软，再经过一次降水后地表径流较大的情况下易产生滑塌现象。

我们应该认识到，植被茂密并非保土作用就强。一般情况下，在了解植被的生态环境效益时，大家都知道植被覆盖率高其保持水土作用就强。但事不可绝对，任何事物都有一个度，超过了这个度，可能会物极必反。当土壤中水分含量已经饱和的情况下，此时受植被涵养水源及固土的影响，如果降水再增加一些，特别是遇到连续性降水使土壤水分过饱和的话，土壤就会出现类似于“液化”的现象，如在地形坡度较大的坡地上就会出现水土大量流失、甚至整块坍塌、滑坡等现象。类似现象如植被覆盖率大，并不代表这个地方降水就多，因为降水还会受到大气环流、水汽凝结、凝结核等多种因子的影响。教师在培养学生思维能力的同时，还要注意教会学生巧思妙解，从多方面想问题，而不是拘泥于一种模式或已经形成习惯的定式。又如：

（2018年全国卷Ⅰ）阅读图文资料，完成下列要求。

1. 乌裕尔河原为嫩江的直流。受嫩江西移，泥沙沉积等影响，乌裕尔河下游排水受阻，成为内流河。河水泛滥，最终形成面积相对稳定的扎龙湿地。扎龙湿地面积广大，积水较浅。

2. 河流排水受阻常形成堰塞湖，乌裕尔河排水受阻却形成沼泽湿地。据此推测扎龙湿地的地貌、气候特点。

3. 图略。

回答好这个问题要建立如下思维链：

湿地内水量相对的平衡⇨收：径流+降水；支：下渗+蒸发⇨地下水位高+冻

土⇨下渗水量较少⇨蒸发量会大于降水量，气候的特点较为干旱。

《普通高中地理课程标准》（2017 年版 2020 年修订）（以下简称《课标》）要求开展思维结构评价。因此，在教学中我们要将教学的重点从只关注孤立“知识点”或单一的“正确”结论，拓展到关注学生对地理问题的完整认识过程。这就需要教师在日常教学中给学生更多表达看法的机会，以使学生的地理思维过程和真实状态外显。

2．教师要拥有一颗哲学的头脑，经常做根本问题的根本思考

全国教书育人楷模于漪认为：时下教师工作中与生活中的矛盾太多，面对种种矛盾，教师大多感到茫然，不知所措，也有太多的困惑和苦恼，一些教师感到身心十分疲惫，不知怎么办才好。这些都不能就事论事，不能就工作论工作，而应该提到哲学的高度去思考、去认识、去分析。哲学的思维对教育工作者来说是一项基本功，没有这方面的修养，就难以成为一个合格的教师，更不要说是称职的领导了。

上海市长宁区教师进修学院院长陈晞也认为：哲学讲的是对根本问题的根本思考，具体到教育上，对教育的根本问题的根本思考，那就是教育哲学了。但现在的问题是，我们的教育工作者对具体问题的具体思考多了，比如分数问题、考试考查问题、学校排名问题，还有无穷无尽的检查、评比、考核等问题，大家的心都纠缠在这些具体的问题上了，这样，教师的心必然烦躁、不安，甚至愤怒。而对根本问题的根本思考，被我们“人为的忽略和回避了”。

复旦大学哲学系教授张汝伦如是说：哲学思考应该而且必须进入学科领域，一名教师在教育领域内应该有哲学思考，同时在教学领域里也应该有哲学思考，哲学无所不在，可以肯定地说，各门课程所教的对象中都有哲学，西方许多大科学家如牛顿、伽利略、爱因斯坦等，同时也是哲学家，而大哲学家如笛卡儿、莱布尼茨等，同时也是科学家。归根结底，自然科学研究对象不是与我们毫无关系的死物，而是必须把它们放在与人的有机关系中，才能得到真正的理解，那种将自然视为人类可以予取予求的自然观，给人类带来的莫大危害，今天不是越来越清楚了吗？对于教师，他的本事可能不太大，但他有爱心，有一颗善良的心，他就能把学生的事办好，他就能用教育哲学来管理好自己的学生。

3．提高专业能力，“因为心里没有，眼里就看不到”

专业能力是地理教师专业化特征的最重要特点。我们知道，不论是地理教师的专业态度，还是其所具有的专业知识，最终必须得高效落实到教学实践中去，而落实的情况是由一名教师的专业能力决定的。根据地理教师的工作内容，我们把地理教师的专业能力分为教学设计能力、教学实施能力、班级管理与教育活动能力、教育教学评价能力、沟通与合作能力、反思与发展能力等六大能力。同时，地理教师需具备一定的学科能力，具体如图 1－9 所示。

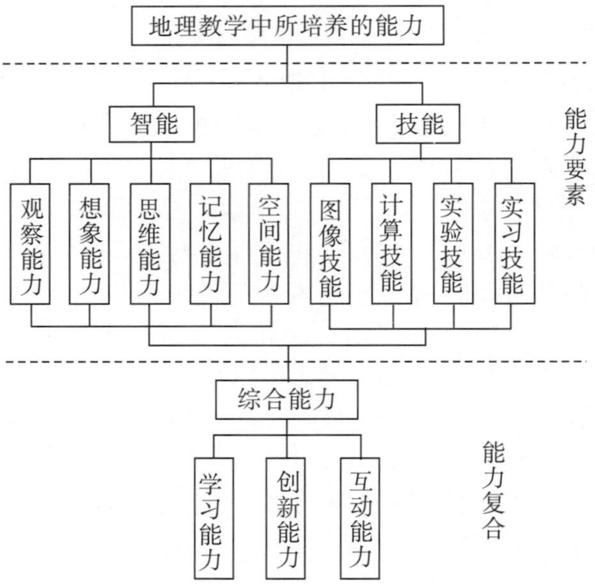

图 1－9　地理教师学科能力结构

4．写真实情境的教学随笔，增强学习动力、毅力和能力

罗树庚说：没把工作当作学问来做，许多教师从入职到退休，仅仅把教书当作职业而已。其实教育是一门艺术，也是一门科学，它是一种内隐性极强的工作，几千年来，多少人在探寻都还没有完全解码教育的真谛。如果有把工作当学问来对待的工匠精神、教育家情怀，每天坚持写 500 字的原创文章，理解教育的真谛便不再是一件难事。

读书与写作可以让我们把生命藏匿在字里行间，干涸的生命如同有了甘露的滋润，读书与写作可以让我们把生命活在文字世界里，思想的荒漠里便有了绿洲，有了迂回的明如玻璃的小河。

三、反思力是促进教师专业化发展的有效途径

为什么说教学反思非常关键呢？首先，教学反思是地理教师认识自我、发现不足的重要方式。其次，教学反思是地理教师改进教学方式、转变教学理念的重要依据。再次，教学反思是地理教师提高教学水平的重要途径。最后，教学反思还是地理教师实现自主专业化发展的关键方法。可以说，没有教学反思就没有地理教师的专业化发展。因此，在日常教学中及时、有效地进行地理教学反思是地理教师的关键能力。具体如图 1－10 所示。

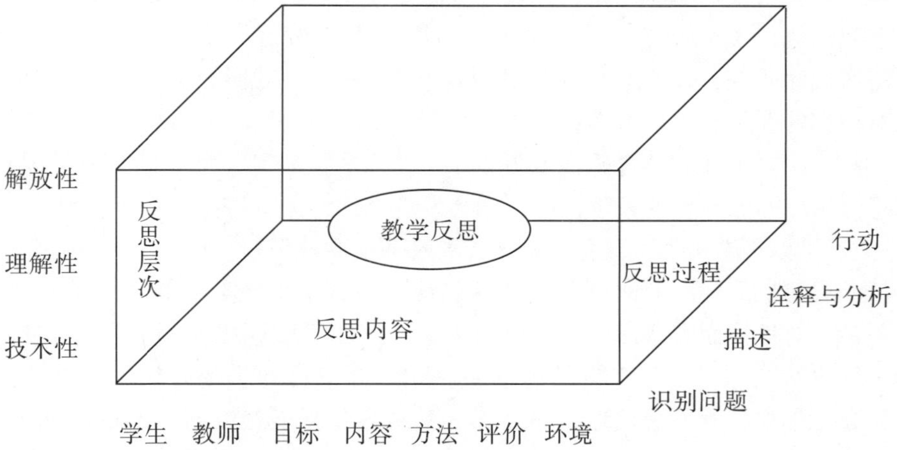

图1－10 教师反思结构模型图（赵昌木）

1. 成长＝经验＋反思，要抓住教育教学过程闪现的灵感

比如，郑州“7・20”暴雨显然属于非常罕见的极端天气，公众应该如何运用地理常识避灾？极端灾害都在某种程度上猝不及防，这需要防范措施有一定的余量，应急机制能够及时响应启动，那样就可能将灾害程度降到最低。强化洪涝科普，提升公众应急避险能力，对学生加强地理知识的普惠教育是地理学科教学的职责和任务。那么，教育教学又能做怎样的反思和调整呢？

当前技术水平条件下，短临暴雨预报、洪涝预报还存在误报和漏报，因此，在面临极端天气条件时，公众的洪涝灾害风险意识和自救能力极其重要。政府相关部门可以采取利用洪涝风险图向社会公布、线上线下普及暴雨洪涝风险源及避险常识、科普基地教育等措施，加强对公众的洪涝灾害应急避险培训，提高群众的防灾减灾意识，科学指导群众学会正确的自保方式，增强危险状态下的自救能力、互助能力和理智行为能力，提高恶劣环境下公众自身对洪涝灾害的适应性。

地理是一门研究地理环境以及人类活动与地理环境关系的基础学科，地理教育可以担负起更多防灾减灾教育功能。通过教育，可以向广大中学生传播灾害知识，如灾害前兆、灾害过程、灾害机理、灾害预防、减灾防灾措施、灾害后果等各相关方面的内容，提高他们对灾害的认识，获得更充分的防灾减灾所必需的知识和技能，增强防灾减灾的意识和能力。

2. 及时把所思所想写下来，就成了一笔宝贵的财富

“笔耕不止，是教师提高自身素质的有效途径，是造就教师杰出教育成就的熔炉，是壮丽教师辉煌教育人生的摇篮。”（刘友开，2018）。教书育人是我们传统教育的基本着力点，教师只要把这两个方面做好，我们的教育就好了。但是，现代教育课堂则不一样，不仅要求教师教书育人，还要求教师要研究学生、研究教学课堂、研究教材与教参、研究并开发出校本教材，走适合自己与自己学生的个性化教育道路。因此，现

代化教学课堂要求教师向专业化教师发展、向专家型教师奋进、向教育家型教师靠拢，这就要求教师进行大量研究，走“教学→研究→写作→教学”的道路，以研究带动写作、以写作带动研究，促进现代课堂的纵深化发展。教师的写作，其实很简单，只要你正确对待你的课堂、学生、教材，注意教育的每一个细节，注意你自己思想的发挥与创造，然后，写出你的教育感悟就可以了。“不是做不到，而是想不到”。写作，从你的思想开始，开始你新的人生征程，你会发现，你的天空将更加精彩有趣。

3. 质疑可以创造价值，让每位师者都能在质疑中收获

“学而不思则罔，思而不学则殆。”这句话是教育学生在学习的过程中要处理好学与思的关系。对教师而言，这句话可以改为：“教而不思则罔，思而不教则殆。”教师长年如一日地站在课堂上，以自己的不变应对外界信息的千变万化，如果不去思考，那么就算废寝忘食、夜以继日地拼命工作，其结果也只能是在教书匠的层面上做无谓的努力。思考是一种好习惯，它传承精华，弃除糟粕，善于思考必定受益无穷。只有掌握了思考这个有力的工具，在工作与实践中架一道亮丽的彩虹，方能兼顾理念的验证和扩充，使得实践经验增长。如果我们从开始教书那一天起就对一个个问题进行思考并找到解决的办法，又在实践中反复验证，不断总结与提升，那我们肯定能够做出成绩来。名师之所以成为名师，一个很重要的原因就是他们勇于思考，善于思考。他们思考自身的专业成长，思考学生的未来朝向，引领学生做出正确的人生规划。可以说，名师终身秉持“思索，继续不断地思索，以待天曙，渐进乃见光明”的精神，深悟“一个能思考的人，才真是一个力量无边的人”的精义，坚守“我思考，所以我存在”的信仰。作为教师，我们应当永远牢记：有了善于思考的教师，才能有善于思考的学生。反之，没有了善于思考的教师，也就不会有善于思考的学生。

四、提升实践力，促进沟通、研究和行动

1. “九层之台，起于垒土”，做大事需从小事做起

从招聘的千军万马，到入职学校后的成长，对一般教师来说可能整个职业生涯都在同一所学校里，几乎从一而终，干到退休。年年花相似，岁岁人不同。对学生而言是终生难忘的三年，对教师而言是机械地重复还是有变化的创造？如何把个人的成长和学校的发展结合起来？

对学校而言，提升教学成绩，要有长效机制，一是靠数据说话，公平客观评价；二是多点人文关怀，温暖人心，善于化解教师不良情绪。

对教师而言，要多主动思考，快速理解并适应学校的制度设计，处理好教师专业成长与学校可持续发展的关系。

教师的快速成长离不开良好的心态：“心态是命运的控制塔，心态决定我们人生的成败”（美国作家拿破仑·希尔）。教师，要有一个良好的心态。对于教师而言，生活与享受生活、上课与享受上课、教育与享受教育完全是不一样的。保持乐观、平和、

积极向上的心态是成为优秀教师的基点。教师以良好的心态从事教育，才能保持教育的纯洁性、才能保证受教育者少受外界环境的“污染”。首都师范大学田国秀教授指出：“教师的使命是教育，而教育的本质是‘生命影响生命的过程’”，教师在课堂上的一切，是对学生生命的影响。因此，教师保持一个良好的教育心态，不仅仅是教师个人的问题，而且是一个教育问题。教师良好的心态可以激发学生奋发向上的勇气，点燃学生创造的火花，培养学生对学习和生活的热爱，增强学生对生命、对人生的关注，进而成为对社会有益的人。教育者要保持一个良好的心态，让教育回归自然，让教育者回归本真，让学生回归童真，给教育一片璀璨的天空。

2. 读懂学生，养成规划的习惯

当理想与现实狭路相逢时，当来自家长的不理解和不支持时，当一次次磨破嘴皮地劝说却收效甚微，那些调皮捣蛋的孩子对学习置之不理时，当一次次敞开心扉、循循善诱却得到孩子依然如故的无所谓时，当披星戴月的日夜疲惫，还得不到家人朋友的理解，甚至是反对时，如何才能坚守着“清贫的三尺讲台”？在应试教育与学生的个性发展面前，作为教师的我们该何去何从呢？在反复的思考质疑中，只有读懂学生，弄清教育的真谛，教育之路才会更加清晰。

3. 人生最不能缺的是信念，清晰、执着和享受目标是一个人成事的重要素养

我们不一定能成为名师，但我们一定要有颗成为名师的心。因为理想、追求的高低，往往会决定一个人事业成功的大小。名师、大师意味着自己的人生价值得到了最充分的实现。名师、大师的称号，虽不能代表全部，但却是衡量教师成就大小的最好、最简单明了的尺子。成为名师的奋斗过程是一个净化精神的过程，一个终身学习的过程，一个全面超越自我的过程。很多普通教师都是通过这些磨炼才成为名师的。可以说这就是名师成长所必须经历的一个过程。名师离我们并不遥远，很可能我们暂时无法消化名师的思想、名师的理论，但至少我们可以踏着名师成长之路，一步步向他们靠近。名师也是由普通人成长而来，他们之所以成长为名师，一定有值得大家探讨和学习的地方。所以，教师要真正享受这个过程所带来的好处，就必须先有一颗成为名师的心。

我是一名“生长”极其缓慢的教师，我“长”了近三十年，自觉不如一些人二十年甚至十年时间长的“高”，长的“大”，但我从没有放弃“生长”。我在这里讲自已近三十年的高中地理教学的实践与思考，主要还是想通过抛砖引玉，以此获得大家更多的指导。当然，如果能带给那些不甘平凡的教师一些内生力，抑或是一两处的思想碰撞，那就算是一种更大的收获了。

学习“田翁精神”，书写立德树人新篇章

图 1－11　笔者在 2018 年珠海市地理教师培训会上做汇报

2018 年暑假，珠海市地理教研员刘宏光老师交给我一个任务：“你在田家炳中学工作了那么长时间，还打造了学校的‘礼’文化，你就在全市地理培训会上讲讲‘田家炳精神’吧。”

刚开始接到任务，我还有点迷惑，全市的地理教师培训不是应该重点培训专业知识和专业能力吗？在交流中，刘老师又问我：“中国捐出率最高的慈善家为什么出现在广东梅州？田翁受何影响而做出如此慷慨的捐助？”

刘老师所指慈善家便是“百校之父”“慈善楷模”田家炳先生。因我在珠海市田家炳中学任教过 11 年时间，又是梅州人，刘老师故有此问。但这一问，就把我问住了，让我陷入了沉思，也让我一下明白了讲座安排的深意。

一、提升教育境界与情怀，书写立德树人新篇章

在田家炳中学的工作时间越长，“田翁精神”对我的职业观的影响就越深。

田翁生于 1919 年，祖籍广东梅州大埔，年幼丧父，辍学经商，16 岁漂洋过海，去东南亚打工创业，做瓷土和塑料薄膜生意。20 世纪 50 年代他回香港，兴办田氏化工企业，最终得了“人造革大王”的名号。香港慈善氛围浓厚，霍英东、邵逸夫等富豪都热衷于社会捐赠。与他们相比，田翁或许不是捐款数目最多的人，但却是最倾尽自己全力的一位。

田翁是企业家，但人们记住他，更多的是因为他是田家炳慈善基金会创办人。受过他捐赠的学校几乎遍布全中国，包括 93 所大学、166 所中学、41 所小学、19 所专业学校及幼儿园，以及 1 800 多间乡村学校图书室。

田翁说：“中国的希望在教育”，这足以说明田翁对教育的重视。确实如此！振兴民族的希望在教育，振兴教育的希望在教师，而提高教师素养的希望在师德养成。

1. 教育的希望在教师，教师要提高师德修养

让田翁到生命最后一刻仍然牵挂的，是他的教育兴国梦。他在弥留之际仍握着一张中国地图。地图上以田家炳命名的学校遍及全国，仿佛在替他重复他常说的那句："中国的希望在教育。"

田翁年少辍学，未能完成学业是他个人的终身遗憾。他曾亲眼目睹国家积贫积弱的过去，对国家的前途命运有着深刻思考。因此，他把个人理想与国家命运相连，早年投身实业不只为赚钱，也为贡献经济，后半生更是把全力支持教育作为贡献国家发展的着力点。

田翁不只是教育捐助者，更是亲力亲为的参与者。他秉持"中国的希望在教育"的理念，也提出"教育的关键在教师"，重视教师培养和道德教育，重点扶持贫困、偏远地区基础教育发展。他对中国教育发展的投入和思考，让他堪称教育家。

田翁在自传《我的幸福人生》中写道：

我深信，教育是百年树人大业，认为无偿捐资教育可以令政府拿出部分配套资金，增加他们对教育的承担，改善社会风气，因此，我从不计较个人荣辱得失，仍然故我。甚至不惜卖屋和背负上亿的债务捐下去，或许是受父亲早年"宁可实而不华，切忌华而不实"的教导，我一向纯粹真心捐办教育，并以此当作是分内事，绝不望回报，不敢图半点利益。

我们身后的客家文化和不少优良的传统，十分值得我们去继承和发扬。教育是百年树人的大业，是民族的根本，对个人的事业更加有重大影响，要办好教育必须要有好的教师，师范大学是培育教师的重要基地，因此我将资助教育的重点放在师范教育上。……争取多与素未谋面的各地政府领导、教职员及学生见面，让大家能体谅我的捐资苦心，明白我为捐资竭尽所能的精神，勉励大家共同重视教育工作，更希望以自己的行为感染其他人，收抛砖引玉之效。

"一个民族源源不断涌现出一批又一批好教师是民族的希望。"要想当一名合格的好教师，就要不断提高自己的职业道德修养。爱生是师德的关键，一个教师是否爱学生，是师德最集中的表现，没有爱就没有教育，热爱学生是教师的天职，是做好教育工作的基础与前提。

2. 幸福比财富重要，奉献是教师的天职

田翁在自传中说道：

我年幼时受到先父的影响，深感能为他人做点好事，很有意义，且常常以同理心体会他人的感受，使我长期乐意多做好事。从 1995 年开始，重点关注教育项目以来，获得社会人士在精神上的支持，使我的身体因心理上长期感到欢乐而更加健康，也把我的人生价值观提到最高的层次，更盼上天能让我多活几年，为社会、为民族多做些好事。

田翁又自述道：

今天我已年登耄耋，仍保持纯洁的人格操守，既无任何公职或私人营利事业，也

不为追逐名利而伤神，荣辱不计，每日过着简单和清淡的生活。

企业家通过捐资助学表达“尊师重教”的赤诚教育情怀，教师则在三尺讲台无私奉献育桃李，辛勤耕耘教英才。自古以来，教师职业就是最受人们尊敬的职业，教师是人们心目中最神圣的人，被喻为“文明的化身，光明的使者，人类灵魂的工程师”。当前，在改革开放及大力倡导精神文明建设的今天，教师只有自觉地加强师德修养、正已、敬业、爱生、奉献，才能无愧于加冕于我们头上的种种桂冠，才能完成时代赋予我们培养人才、振兴华夏的伟业。

“田翁精神”在所有“田中人”心里植入“共同的信仰”：不求回报，只希望我们把这份爱传递下去……成就自己、回报社会，这或许也是“田翁精神”的核心——用小我的价值去感染更多人，回馈民族与国家。

3．已立才能立人，教师身教重于言教

田翁说：“我坚持规规矩矩做事，老老实实做人，虽然这种做法有时很难适应商场，但我就是坚持这样做，对我来说诚实比什么都重要，利人必能利己，己立才能立人，这是千真万确的道理。”

这句话对今天的地理教师同样适用，甚至还可影响教师的职业观、教育观、学生观和教学观。孔子说过，“其身正，不令则行。其身不正，虽令不从”。教师要以身作则，要求学生做到的，自己要先做好表率。身教重于言教，成为学生的榜样，才能令学生信服。

4．结合“田翁精神”，打造学校主题文化

珠海市田家炳中学是一所位于城乡接合部的薄弱学校，大部分学生还没有养成良好的行为习惯。打造怎样的学校主题文化，才能把学生培养得更加阳光、自信、友善、明礼？我们当时的思路是，学校以人名来命名，文化中应该体现田家炳先生的精神。田翁是“百校之父”“慈善楷模”，他的精神内涵就是“仁、善”，但要把精神层面的东西落到有形的、可视化的行动上，我们做了深入的思考。一是结合校名的实际；二是学校内已有两座孔子像，孔子儒学核心是“仁”，行为准则是“克己复礼”；三是结合践行社会主义核心价值观时代要求；四是考虑到学校“以礼立德”育人模式有了一定的积淀。因此，我们把精神内涵通过外化于行，从而内化于心作为当时打造学校文化的思维路径。经师生商议，结合上述四个方面最终确立了“礼”文化。

图 1－12 笔者在大会上分享学校在打造礼仪文化方面的具体做法

确立礼仪文化为学校主题文化是符合德育要求的：道德是理论概括，仁义是具体内容，行礼是具体实践。传承礼仪文化也有着深远的时代意义：一是确立学校办学理念，谋求教育内涵发展；二是尊重学生成长规律，把握人才培养宗旨；三是通过礼仪文化载体，呼唤回归教育原点。最终礼文化的实施取得了很好的成效：师生互相尊重，建立了亦师亦友新型师生关系；生生友爱互助，彬彬有礼文明相处；孝敬父母，懂得感恩；爱校爱国，有了更高的人生志向，体现出了良好精神风貌，从而助学生茁壮成长。

田中经过近十年扎实推行礼仪主题文化，习礼崇文、尊师重教、诚信友善蔚然成风。

2018 年珠海市教育局在香洲区杨匏安纪念学校召开全市中小学精神文明建设工作现场会，珠海市 200 多位中小学校长出席了本次会议。会上，我代表学校，在大会做题为《打造礼仪校园文化，培养文明有礼学生》的交流发言，介绍了我校礼仪的产生、内涵、活动及成效，将学校礼文化的建设全面地向大家进行了展示，并且分享了学校在营造礼仪文化的具体做法。

几年来，田中将礼仪文化作为学校的特色文化，通过编写校本教材、礼仪教育进课堂、推行尊礼重礼的养成教育，形成了广大师生人人懂礼、个个守礼的浓厚氛围。礼仪文化主题的确立是从自身历史积淀中（“田翁精神”）形成的，作为学校礼仪文化建设，不仅要写在纸上、挂在墙上，更要落实到学校工作的方方面面，内化为全体师生的思想意识，渗透到全体师生的言谈举止上，流淌在全体师生的血液中，成为学校共同的行动准则。礼仪文化建设体现在学校整体育人过程中，表现在以下三个层面：

一是内化于学校管理者、学校全体教职员工（含物业、安保）、学生和家长内心深处对教育本质、教育行为的基本文化修养和文化内涵，即“内化于心的教育文化”，如让学生们享受学校文化，让家长们感受学校文化。

二是学校办学的外在文化表现，如办学理念的表述、育人目标的描述、管理制度的建立、课程的选择和设置、师生关系的营造、学校环境的设计等，即“外显的学校教育文化”。

三是融合社区（白蕉镇政府）和家长对学校教育礼仪文化的社会认同，因为学校具有影响家长和社会教育文化的责任。

礼仪是言行举止的外在表现，也是道德、文化素质的外溢，成为教育内容中的一项重要内容。要办出特色，就要结合本校的文化教育、道德教育、审美教育，广泛深入地研究并开展礼仪教育活动，外化于行，固化于制，内化于心。

二、结合优秀传统文化，提升地理学科人文素养

地理学科中的人文精神，是有关“人对自然的基本态度”方面的内容，主要包括全球意识、“尊重自然、人要与自然和谐共处”的意识、“人口道德”意识、“资源道德”意识、“环境道德”意识、国家意识等内容。

刘宏光老师曾在《浅析人教版高中地理教材中人文教育功能的体现》一文中指出：

“公民教育责无旁贷，此重任自然主要落在了基础教育身上。人教版高中地理教材当中有着丰富的人文精神教育的思想和素材，需要广大中学地理教育工作者不断潜心挖掘，将这些思想与教学相结合，并逐渐融入地理教学当中，将人文精神根植于未来公民的意识当中，努力创造长久的‘和谐社会’。”

田翁慷慨教育，节俭自己，人所共知。在他身上更是时时处处闪耀着地理学科的人文精神。

1. 从小事做起，培养环境道德意识

田翁提倡合理生产、合理生活和合理消费，反对一切与社会主义环境道德建设不相符的生产、生活、消费观念，把环境道德的观念自觉贯彻到日常的行为中去，自觉抵制不良习俗，为环境道德建设培育良好的社会环境，提高整个社会的生态道德能力。

除了大善，他也从小事做起。外出吃饭，他只要一杯清水，不喝饮料。一位香港记者问他为什么？他回答道，全港几百万人，若每人少开一罐饮料，就省下几百万个罐。

他在97岁时，几位田家炳中学的教师来看望他，他仍要拄着拐杖亲自见他们，同他们探讨学校的发展理念。在谈话的过程中，老人鼻子不大舒服，拿卫生纸来用。双层厚度的纸巾，他小心翼翼，一层一层地撕开来，捻出了其中的一张。

许多田家炳慈善基金会的工作人员，都记得田翁这些“悭吝”的生活习惯：外出自己带水、带牙刷香皂，等等，出门乘地铁也是这位香港“皮革大王”的生活常态。他平日里爱用手帕，没带手帕时才用卫生纸。卫生纸往往也是要苦撑着用一天，擦完嘴之后叠整齐了放在口袋里，留着之后擦手。他并不觉得这有什么不妥。有的工作人员跟着他的时间长了，也养成了同样的节俭习惯。

他经常对接受捐助的孩子们说，自己是做工业的，知道手上用的每一样东西，制作过程和工艺都很复杂，包括每一个矿泉水瓶和每一张纸。正是为此，他才希望大家都能够尽可能地节省，同时也要注意保护环境。

2. 注重节俭，提升资源道德意识

节俭和捐赠，这符合田翁一贯的风格和喜好。

外出住酒店，他都要自带肥皂，因为怕“用了酒店的肥皂，用不完很浪费”；老人家用自备的矿泉水瓶子，在饮水机上接水带在身边。出去吃饭，剩菜必定要全部打包回去，穿的鞋子新三年，旧三年，缝缝补补还能再三年。曾有人员在他前去参观投资建设好的项目时，想安排车子给他，被他拒绝了，安排的宾馆他也拒绝，要求住在校内就好。他总爱说：“一粥一饭当思来之不易”。

年岁渐长，他将基金会交给了子女打理，就不再每天上班。他自己乐意省着过，也乐意帮旁人省着过。工作人员每天乘坐地铁去田家两趟，晚上把一些材料和文件送过去，第二天早上再去取，顺便和他讨论汇报。这位老人后来干脆对工作人员说，如果没有特别需要坐下来聊的，两人就在地铁站见面就行，甚至连闸机都不用出，“在地铁口交接就好了”，算下来能省一半的车票钱。

他子女送他的生日礼物，他叫他们拿回家自用，免得浪费。裤子破了，他就随便找一条颜色相近的来配，往往款式过时二三十年，颜色接近却不成套。儿女穿旧衣是常态，零用钱更是稀少，全家人的日子，根本不像是住在香港九龙塘豪华别墅的“有钱人”。

为了建学校，田翁曾把自己住了38年的花园式别墅卖掉，从此一直住在120平方米的出租屋里，新居铺着白色地砖，没有壁纸，甚至都没有阳台。那是2001年，刚经历了一场世界性的金融危机，经济“比较糟糕”，但他又已经应允了要给一些机构捐款，不愿违背承诺，宁肯把房子卖掉。连受赠者听说之后都打电话想要阻止他，但田家炳解释：“自己住这么大房子是浪费，另外卖掉的钱，还可以资助20多所中学，这样才更有价值和意义。”

以上这些事例，在对学生进行道德教育时，常常被学校地理教师引用。

3. 家国情怀，增强国家意识

20世纪80年代到90年代，田翁陆续用超过10亿元港币创建了田家炳基金会，相当于他当时拥有的绝大部分资金。2012年，他再次把名下价值20亿元人民币的4座工贸大厦捐交给田家炳基金会，每年约7 000万元人民币的租金，都用于资助教育事业。他“看到一幢幢教学大楼的兴建，听到万千学子朗朗悦耳的读书声”，不但觉得经济效益更大，精神上也似乎能得到更多安慰。“一个人兜里有了钱，10个亿是个数，10个亿变成100个亿，也只不过是在尾巴处多加上了一个零，自己能吃多少、能睡多宽？如果一家独乐变成了让社会众乐，那我的事业将更有意义。”

他捐了钱给学校，也比别的捐助者显得更加“多事”，并非钱一到对方账户就算完事。教学楼的图纸设计、施工方案，他样样都要管。一栋田家炳书院大楼的设计方案他甚至审阅过3次，列出了20多条改进意见，如新旧楼之间要用雨廊连接，等等。

“宁可实而不华，不可华而不实”，这是朱子家训里的话。田翁把这句话送给了许多他资助的学校。

师范院校一直是田翁捐赠的重点，比起大学，他更重视基础教育，也更乐意捐助中小学。在田翁看来，许多孩子可能并不一定读大学，但如果让他们能在中小学期间接受良好的教育，无论是对个人还是社会，长远来看都是有益处的。

他想把中国人口资源变成人力资源，那才是最大的财富。

早年基金会捐赠的钱，大多投在了教育的硬件设施。2010年之后，田翁把教育捐赠的重点，转移到了支持教育软实力的发展上，如教师、校长的交流培训，大学生的社会服务，以及海峡两岸和香港、澳门的学术研讨会等。

田翁希望通过自己的捐助，让更多的人关心教育发展，关心大多数教育慈善家目光未及之处。他说，自己就是那个抛砖引玉的人。他从来不当自己的捐助是对人家的施舍。

田翁总爱叮嘱几句，就算是他过世，儿女们也应当延续公益事业，“发扬他的精神”。一位学生在福建师范大学读书，宿舍前面就是“田家炳楼”，每天清晨都能听到楼里传出的读书声。他觉得，大概这就是田家炳先生赠给这世上“最美好的声音了”。

4. 诗礼传家，文化育人

田翁出生于广东大埔一个诗礼世家。他的父亲取其名“家炳”寓意“彪炳百代”。田翁生前在回忆录中写道，父亲给了他“无边的父爱”，但这爱“非常理智”，绝无溺爱，而是注重教爱合一，尤重品德教育。父亲把朱柏庐治家格言的一字一句反复教他，不但要他牢记，更要他实践。

田翁不到16岁时丧父，但父亲的教诲他一直牢记，先贤古训包含的智慧也贯穿他一生的言行，助他立业成家，更促他回馈社会。早年辗转南洋创业，他以“己欲立而立人”的智慧，实践着现代商业的共赢之道；不论是经营生意还是家庭，他都恪守父亲“宁可实而不华，切忌华而不实”的教诲；在香港成就事业后，他投身慈善，“达则兼济天下”。

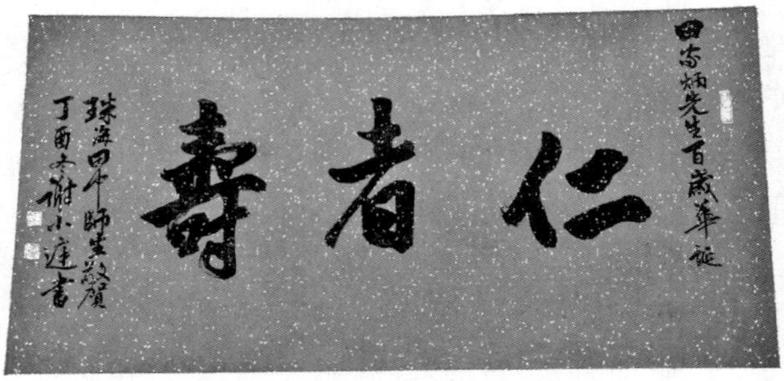

图1-13　笔者为百岁华诞的田家炳老先生书写“仁者寿”

田翁自幼深受朱柏庐治家格言影响，父亲田玉瑚对他的知识教育和伦理道德教育结合起来，每次教两句，待田家炳背熟体会后，再教两句，还特别叮嘱他长期牢记并实践，做到知行合一，田家炳90多岁时对这篇格言仍能朗朗上口，倒背如流，这篇格言很短，只有几百字，但却影响了他一生的高尚人格。就这样，田家炳先生“不单是背诵，更是活出了格言中的每字每句”。

文化对人的影响往往是最深远、也是最长久的。中华优秀传统文化培植了优良的田氏家风，培育了大爱济世的田家炳先生。随意摘录《朱子治家格言》的一些内容，便能管中窥豹：“一粥一饭，当思来之不易；半丝半缕，恒念物力维艰……自奉必须俭约，宴客切勿流连。器具质而洁，瓦缶胜金玉；饮食约而精，园蔬愈珍馐。勿营华屋，勿谋良田……居身务期质朴……勿贪意外之财，莫饮过量之酒。与肩挑贸易，毋占便宜；见穷苦亲邻，须加温恤。兄弟叔侄，须分多润寡，长幼内外，宜法肃辞严。重资财，薄父母，不成人子。嫁女择佳婿，毋索重聘；娶媳求淑女，勿计厚奁……家门和顺，虽饔飧不济，亦有余欢……读书志在圣贤，非徒科第；为官心存君国，岂计身家。”田翁不仅熟记本文，更是亲身践行。

田翁在他个人自传《我的幸福人生》中写道：

中华文化源远流长，令我最受用、最深的是礼义廉耻、忠孝仁义、仁爱信义和平等，四维八德学说教人如何修身立品，共同建立和谐社会，为人类带来幸福，这是非常难得的文化。可惜，近代很多人不择手段，只顾追求自己利益，破坏社会公德，逞强欺弱，制造是非，传统美德变成徒托空言，受人遗弃。

田翁十分执着于每一分钱的使用意义，他的子女认为，最肯花在他们兄弟姐妹身上的钱却是教育费用。平时出行连巴士钱都能省则省的田翁，甚至愿意花大价钱带着孩子们环岛旅行，增长见识。他在意子女的教育，却并不逼迫子女考高分，子女们想读什么专业，他也叫他们自己选择。

刘宏光老师在他的《浅析人教版高中地理教材中人文教育功能的体现》一文中提到："在基础教育阶段，除了让学生掌握基本技能，基本素养的教育也是不可或缺的。如果正面的、主流的基本素养教育缺失了，负面的、世俗的教育就会乘虚而入，而一个人的世界观一旦形成，是很难重新构建的。因此，素养教育成为基础教育的重要内容。"

5. 己立立人，渡人渡己

田翁说：利人必将利己，己立才能立人。

教育亦如此。教育是国之大计，教师是立教之本，兴国必先强师。国家把未来的希望交给教师们来培养，今日的学生质量如何，影响着明日国家的科技程度和国家的经济实力。这是国家的希望，人民的嘱托，所以，教师们的身上有千钧重负。也正因如此，教师们要以高度的责任感和使命感，把心贴在教育事业上，贴在学生身上，争做热爱学生、忠诚事业、一身正气、为人师表的优秀教师，往道德高尚、学习宽厚、业务精湛的方向奔驰，力求在教育教学实践中，升华思想、进化感情、长善救失，拥有更多的真才实学。

教师对学生的影响，离不开教师的学识和能力，更离不开教师为人处世、于国于民、于公于私所持的价值观。广大教师必须率先垂范、以身作则，引导和帮助学生把握好人生方向，特别是引导和帮助青少年学生扣好人生的第一颗扣子。要甘当"人师"，严格要求自己，涵养德行，有热爱教育的定力、淡泊名利的坚守，把师德师风建设摆在首要位置，严守行为底线，强化价值引领。对每一位学生都要有耐心和责任心，不"躺平"、不放弃、不抛弃。

教育是一场很好的修行。作为教师，力求做仁者，更要做智者，做学生成长的摆渡人，把学生从现实的此岸摆渡到理想的彼岸，从而谱写出用青春点燃青春，用心灵陪伴心灵的美妙诗篇。

"君看渡口淘沙处，渡却人间多少人。"摆渡是一个共赢的过程，在摆渡学生的同时，教师也摆渡了自己。教育的美好之处在于，教师在成全了学生的同时，也成全了自己。如果每个学生的命运是条孤独的河流，教师就要做孩子灵魂的摆渡人，更要努力让自己做一个合格的摆渡人。

三、教者仁心，谱写爱的教育

师德的最高境界是做一个心中有爱、心中有德的教师，做一个“养马”的“伯乐”；对学生的态度和行为应该是：关爱 + 重视 + 保护，尊重 + 平等 + 维护；教师个人的修养和行为，要达到五个标准：一要有爱心、责任心、耐心和细心等；二要有亲和力，热情开朗；三要会调节情绪，具有平和的心态；四要有勤以学习，不断进取的精神；五要衣着得体，语言规范，举止文明。

“爱满天下”是陶行知先生的重要教育思想，没有爱就没有教育，在同学们取得进步的时候，毫不吝惜为师者的激赏和赞扬，在同学们出现错误的时候，恰如心有猛虎而细嗅蔷薇，不去惊醒花蕊上晶莹的晨露，以包容宽广的胸襟、博学优雅的素养、温润欣赏的态度、安心乐意的投入，倾洒满腔的激情，促进同学们精神的成长，创造使命的精彩。

在平凡的时光里，师生并肩携手，与梦同行，让生命里的一切思想、情怀和品格盛开成三月如诗如画的原野，在寂寥的人生路途中，共同用生命去唱一支充实而热烈的成长之歌。

陶行知说：“师生本无一定的高下，教学也无十分的界限。”师生相遇本是一场修行与缘分，在教育这个大舞台上，于我看来，好的教育应该是师生之间彼此成就，共同成长。

好教师的关键不仅在于教书育人，更重要的是塑造灵魂，塑造生命，把学生塑造成为有用之才。盲目的鼓励和宽容，只能培育出温室的花朵。好的教育，必然是宽严相济、奖惩分明的；好的教师，必然是管教同步、严慈同体的。能够遇见一位手持戒尺、眼中有光的教师是孩子的幸运。

如何当好地理教研组长
——在“双新”背景下重新审视团队中的“首席”

学校教研组是我国特有的基层教师开展教学研究的组织形式，是教师进行专业学习和智慧共享的主要场所，它的地位和作用之重要毋庸置疑。

教研组（含备课组）是教师学习研究有关学科课程标准、教材和教学，结合教学工作钻研教学理论和专业知识，反思并共享教学经验，进而改进教学，促进教师学科素养和教学素养发展的学习共同体，是校本研修的基本组织，它提倡“专业自治”，其主要功能和作用体现在研究并解决教学问题、共享并创生教学智慧、培养青年教师和参与学校教学管理四个方面。

如今，随着新课程标准的实施和新教材的使用，课程与教学中出现的问题与矛盾越来越多，学校承担的教师在职培训任务也越来越繁重。在这样的现实背景下，教研组的作用比以往任何时候都大。作为这个组织中的“首席”，教研组长的专业素养及其影响力显得十分重要。一个好的教研组长往往能带出一个好的教研组，引领出一支高素质的教师队伍；同时，一个氛围良好的教研组也为教研组长开展工作创设了好的环境。从某种程度上讲，教研组长同所在的团队之间存在着唇齿相依、互为共生的关系。

一、重新审视团队中的“首席”

教研组长在担当中的自我调适、聚焦于本源的研修活动策划、立足于“浸润”的研修活动开展与评估、基于课程标准教学的教研组研修、引领伙伴沐浴信息滋养的专业资源开发、聚焦于内涵的教研组发展规划与文化创建方面都充当着“首席”的角色。校本研修已成为学校培育教师专业素养的基本途径，而教研组则是实施研修的主阵地。学校教研组作为教师研修团队，同时作为“专业自治”的教师学术组织，在当前的学校教育教学研究、教师专业发展等重大领域，发挥着不可替代的功能。

鉴于教研组的几大功能，以教研组为组织形式的研修团队在学校课程与教学改革、教师专业发展中扮演着越来越重要的角色，发挥着越来越大的作用，而这个团队中的领头羊——教研组长，理所当然就成了“关键”人物。“关键”人物就要具备“关键”

素养，发挥“关键”作用，进而体现出胜任岗位的能力。教研组长的角色随之改变，具体体现在以下几个方面。

（1）由关注琐碎事务转变为经常性思考教研组的本源性问题。

（2）由上通下达的信息传播与落实转向主动的思考与策划。

（3）由一般性的统筹管理转向精细化引领同伴。

（4）由单纯的发挥学科骨干指导作用转向培育教研组文化。

综上所述，我们不难看出，教研组长的角色由单一的执行落实变为多元的自主创新，不仅是工作方式等技术操作层面的变化，更折射出其思维与观念上的跃升。这一跃升无法一蹴而就，需要在实践反思与自我修炼的过程中自主渐变。

二、教研组长的修炼

新背景下教研组长除了做好角色的渐变，教研组长也需要进行内在的修炼。从那些优秀教研组长的经验中，我们可以发现，教研组长的自我修炼可以从以下三方面入手。

（一）自我增压

作为教研组的“首席”，教研组长要率先挑战自我，按照教研组长专业素养结构完善自我（如图1－14），除了在学科教学上要精益求精、提升话语权外，还要不断思考教研组建设与教师团队的发展问题。

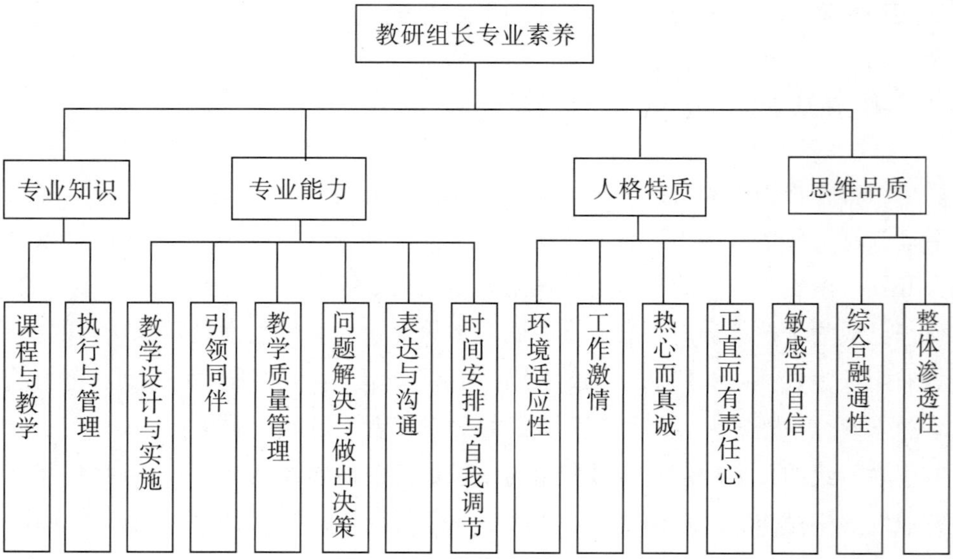

图1－14　教研组长专业素养结构

（二）自我反思

反思是教师专业成长的基本途径，无论是对自己的教学，还是对教研组的工作，教研组长除了需要具有反思的意识和习惯，还要学习反思的方法和策略，掌握反思的视角与切入点，做到科学合理地归因，进而做出正确的判断与决策，不断夯实专业基础，在成就同伴的过程中也成就自己。

（三）自我调适

教研组长需要具有一定的心理调控能力，因为教研组长不仅要带班上课，承担繁重的教学任务，还要担负全组研修活动的开展与管理工作，多重任务集于一身，难免会出现内心的冲突和焦虑。这时，除了争取伙伴的支持和领导的关心之外，教研组长还要学会积极调适心情以开放和阳光的心态悦纳自己，进而影响他人，在团队中传递正能量。

三、基于课程标准教学的教研组研修

经过多年的探索，新课程的实施已进入“深水区”，各种问题和矛盾日益突显，这是课改进程中不可避免的。学校教研组自然成为这些问题发生和研究解决的主阵地。在这些问题中，一个十分突出的问题，就是如何基于课程标准组织实施课堂教学。

（一）现状分析与路径探索

从直观感受看，尽管“基于课程标准教学”早已耳熟能详，对其重要性，教师们也深信不疑，多年的实践探索也取得了不少经验和成果。然而，当下学校中“基于经验教学”的随意性和“基于教材教学”的狭隘性仍然普遍存在，其结果就是片面追求题海战术，简单地以量取胜，造成教师教得累，学生负担重，教学效率低下。

1. 存在问题的主要表现

（1）教师的认知与实际操作相互游离。

（2）教师缺乏基于课程标准教学的操作方法和技术。

（3）教师学习解读课程标准流于表面形式，缺少任务驱动下的精准理解。

（4）教师对相关专业上能获得指导的欲望较强烈，对具体形式与技术有所期待。

鉴于上面的实际情况，在教研组内如何通过组织开展有效的研修活动来逐步解决问题、消除教师的疑虑、改善现状，是急需思考和展开探索的。

教研组长应该通过自身的钻研带动组内教师的学习和行动，来改善上述状况。基于课程标准的教学，不是简单地局限于传统的在课堂上和教材内容上做好备课和上课工作，更主要的是拓宽和深化对课堂教学的理解，围绕学科课程标准，从全面育人的高度加以解读，在头脑中建立起新的学科知识观、评价观和学习观，并在此基础上整体地对教学进行设计。具体来讲，主要集中于三个方面：一是课程实施观照下的教学目标制订，就是要跳出拘泥于单课时教学目标的设计，将单课时目标置于单元、学期、学年目标的背景中，并且根据学情做相关性考查；二是追求精准与引导的学业目标达成评价，就是设计能够较为准确反映学习状况并具有引导性的评价载体或技术（如练习、项目等）；三是展开促进学科核心素养发展的意义学习与教学设计，提升课堂教学的“贡献率”。

2. 实际操作路径

（1）评价应先于教学过程的设计。通常的备课，不少教师习惯于按照这样的程序展开：制订教学目标—选择教学内容—设计教学程序（环节）—确立评价手段和内容。而基于课程标准的教学对其做了调整，一个突出的做法是，在教学目标制定之后，必须确立具体的评价手段和内容，即如何衡量学生是否达到或部分达到目标提出的要求。这把测量的“尺子”如何形成？只有确定了教学的两端，即“教学目标”与“评价手段和内容”，中间的“教学内容选择”和“教学程序设计”才能与之匹配。如此一来，整个教学体系中的诸多要素才可以相互衔接，保持一致。

（2）搭建课程标准到教学之间的“脚手架”。教师要将课程标准落实到具体的课堂教学，除了需要在认识上调整外，还离不开具体的操作工具。为此，教师可以尝试研制类似于校本化的学科教学指导手册，将较为抽象的学科标准阐述转化为比较具体的教学目标描述，包括标准的时段分解和内容的细化以及具体评价工具内容的编制。这样就搭建起了由学科课程标准通往具体课堂教学的“脚手架”，以避免教学的随意性。

（3）掌握有效的课堂教学研究技术。课堂教学是一个充满变数的过程，基于课程标准的教学也是如此。面对纷繁复杂的生态性课堂，组织有效的观课、评课，搜集事实和数据，也需要研制并掌握一些既科学合理又便于使用操作的研究技术，如观察量表等，以此来提升教师课堂教学研究的水平。

（4）强化教师对教学的反思。教师展开教学反思，已成为教师专业成长的必要途径，“课例研究”就是反思的主要载体。但是，撰写并呈现的课例分析仅仅是反思的结果，前期需要教师运用一些相关技能或工具，对教学的全过程加以梳理思考，才能形成优质的课例。从某种程度上讲，课例是教师对课堂教学反思的结晶，凝聚着众多教师宝贵的教学智慧，课例的产生离不开有针对性的教研组研修活动。

（二）建构课程标准到教学的实体化转化工具

基于课程标准的教学，需要搭建相应的“脚手架”。它主要包含一些实体化的转化工具，如学科教学指导手册、课时的教学设计（教案）等，这些工具的研发和使用既是对教学活动的规范，更是一种引导。转化工具研发流程如图 1 – 15 所示。

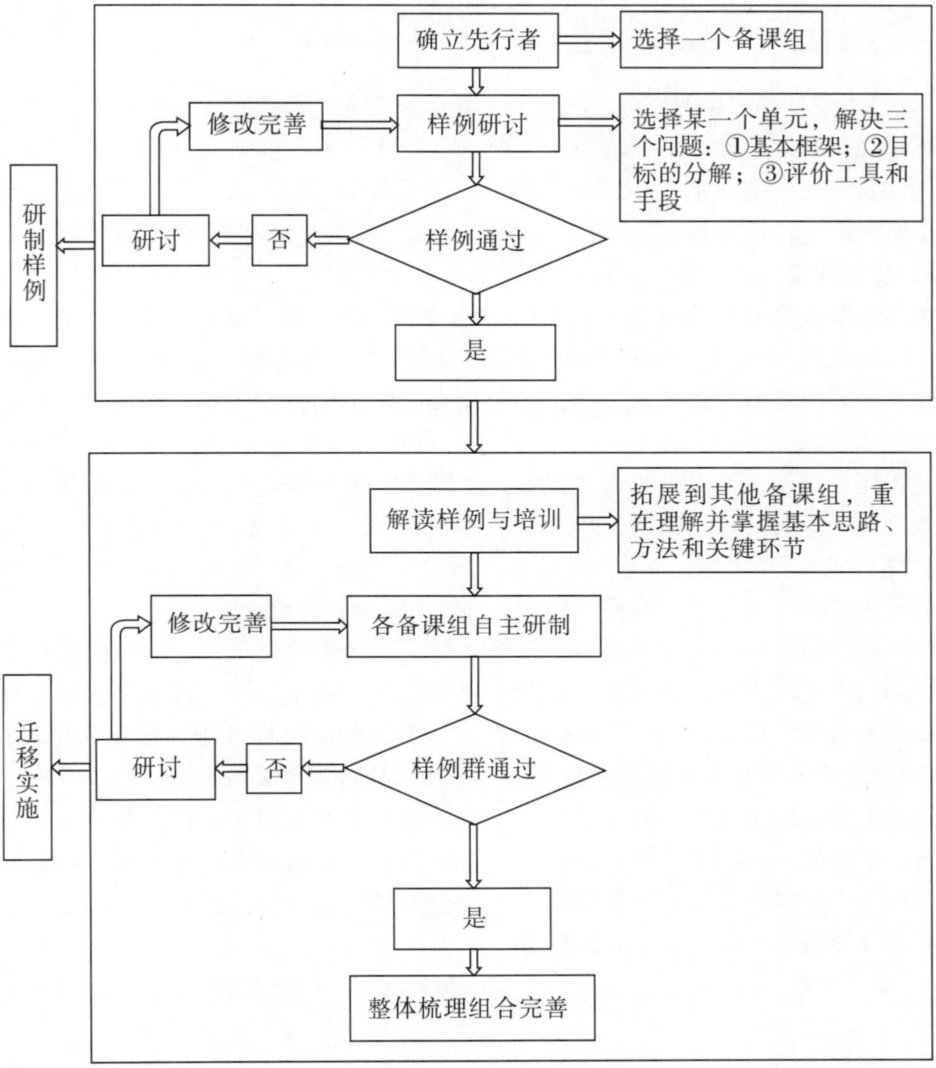

图 1－15 转化工具研发流程

四、明确教研组长的职责与做法

高中学校的学科教研组长一般分为两类，一类是以学科为单位的教研组长，简称“科组长”。一类是以年级为单位的学科备课组组长，简称“备课组长”。依据学校的要求，两类教研组长在工作上有所不同。

（一）科组长的职责与做法

1. 负责学期初科组教学教研计划的制定以及期末的科组工作的总结

教学教研计划一般以学期为单位，教学教研计划主要依据《课标》确定不同年级的教学的目标，开展课堂教学的模式研究、课堂教学方法的探讨等。然后是结合学校行事历制定教学的进度，安排学校第二课堂活动（如校本课程）等。

2. 负责学校地理功能室、地理园的管理

大部分学校有专门的地理功能室以及地理园，地理功能室内有天文仪器、地形地貌模型、地理实验器材、数字星球等配置，因而需要对功能室定期进行核查、清洁、保养等，必要时还需更新相关配置。同时根据功能室的使用要求，尽可能地做好功能室保护工作。

地理园在户外，平时需要多些观察，及时安排学校物业对污染较大的模型进行清洁，发现有损坏的要及时记录，并在适当的时间上报学校，做出修复或更换的申请。

3. 配合学校教学发展中心以及教师发展中心工作，及时向组内成员传达上级部门布置的相关工作（如考试、命题、教研活动、公开课、继续教育等）

学校各部门经常都会有不同的通知需要科组长向组员们传达，如教师发展中心会把上级部门下达的市级教研活动，通知至科组长处，科组长接到通知后，需要组织本科组相关人员参与授课、接待、陪同听课、参加反馈会议等。

4. 配合市教研院教研员开展相关工作（如学校承担市级公开课、命题等）

这项工作是科组长对外的一项重要工作，加强与市教研院教研员的沟通，利于及时了解本学科的一些最新动态，争取一些市级资源，如申请市级公开课，市教研活动在本校进行，可以为学校地理教师争取到向全市同行展示交流的机会，同时也是对学校绝好的宣传机会，对学校是十分有意义的。

5. 配合学校发展中心以及工会等部门工作，参与科组成员工作、学习等方面的协调工作

学校教师发展中心负责学校教师的继续教育培训工作，作为科组长也需将相关信息转发给组员，并督促、协助组员依时完成，避免因此项工作的遗漏而造成的不必要的麻烦。此外，科组长往往也是学校工会与组员的纽带，除了传达工会工作，也需要协助工会对组员嘘寒问暖，在能力范围内帮助解决组员生活、工作等方面出现的问题。

6. 负责学校年轻教师的帮扶、培养工作

如何让年轻人尽快地成长，早日立足讲台，成为学校骨干，这也是科组长当仁不让的工作。因而科组长会配合学校“青蓝工程”工作，激励年轻教师积极上进，对年轻教师课堂上存在的问题及时指出，组织科组内教师共同帮扶。当有学习培训等机会时，要组织年轻教师主动参与，并充分调动年轻教师参与各级优质课竞赛、论文评比、命题竞赛、省中学生地理奥林匹克竞赛和市地理知识竞赛等竞赛的积极性。

（二）备课组长的职责与做法

1. 负责学期初年级备课组教学教研计划的制定以及期末的备课组工作的总结

年级备课组学期教学计划是一项常规而重要的工作，教学计划合理与否，对教学效果起到关键作用。教学计划包括对教学进度、公开课申报、晚练及周测的命题人、命题范围等都有严格规定。这对学校参加市期末检测排名至关重要。可以说是学校教学的生命线。由此可见备课组长的重要性。

教学工作总结则是归纳总结的一项常规工作。主要归结一学期以来取得的成绩及存在的不足以及调整的策略。

2. 配合学校年级工作，统筹本学科常规备考工作（如日常训练、周测、月考、考试复习训练等）

备课组日常工作主要是按照年级的要求开展，力求提高本学科的教学成效，主要工作有命制日常训练卷，并组织学生进行统一训练。如对选考班每周会有一个专门的晚练，时间为30分钟，因此，备课组长首先会安排好命题人，以一学期为一周期，备课组成员轮流命题。其次是定训练内容，以当周新学的内容为训练主体。最后则是定题量，尽量保证学生能够在30分钟内完成。题量的设置是12+1（即12道选择题1道两问的综合题）或20道选择题。

周测其实不一定是一周一测，具体由年级确定，有三周一测或两周一测，测试时间为45~60分钟，因此备课组长需要安排好命题人、测试范围（一般以滚动测试为主），题量根据时间而定。

月考顾名思义一月一测，命题同样由备课组负责，操作的程序与晚练、周测一样。

期末复习训练主要是为应对学期末全市质量检测而计划的针对性训练，这是检验本校与兄弟校教学成效的一次重要的测试，因而从上到下都非常重视。备课组一般会利用2~3周时间进行专项期末复习（不同年级复习时间会有差异）。这时一般会利用往年（近三年为多）的期末测试卷进行测试。备课组长需要找到相关题目（珠海市近三年的卷子，年级会负责向学校教学发展中心索要并下发）。

无论是晚练、周测、月考还是期末复习训练题，题目来源均由备课组成员自行决定，现在多数通过组卷网等组题，一个最大的好处是答案配有详解，方便学生自行订正，减少课上讲评时间，提高学生的学习效率。

3. 配合教学发展中心及教师发展中心，组织备课组常规的教研会

为提高学校的教学教研水平，提升教学质量，学校会要求各备课组在每周固定时间召开备课组教研会，并对教研会提出具体要求，如每次要确定主讲人，会议要有中心议题等，而这个教研会的负责人就是备课组长。

五、注重教学的精细化管理，提升人才培养质量

（一）抓常规提高教学实效

1. 备课

备课要“五备”，即备大纲、备教材、备学生、备教法、备学法；教学活动要“五统”即统一计划、统一进度、统一练习、统一资料、统一测试。

2. 上课

贯彻“教师为主导、学生为主体、训练为主线”的教学原则，优化课堂教学结构，做到讲练结合，要防止“满堂灌”，努力提高课堂效益。

3. 作业考练

提倡精读、勤练、深评，即练即批；对早读（20 分钟）、午读（15 分钟）、晚练（30 分钟）、周测、月考做详细要求，尤其注重各环节的有效性，即背即默，及时反馈和小结，做到精选、精练、精批、精讲，既减轻负担，又提高效率。注重提高命题质量，严密考试环节，加强考试流程管理。

4. 严格考试要求

“考改评”及时到位，周测、月考、期中期末考试均要求网改，每次重大考试及时做好小题分析和学科质量分析，查找差距，分析原因，及时调整教学，提高教学效果。对作业布置的次数、作业量及批改也做出具体要求，并组织检查反馈。

5. 辅导

根据不同情况，采取多种多样的培优补差模式，将培优补差落到实处。补差做到“三补五多”，即补态度、补方法、补知识，课堂多提问、课后多辅导、平时多谈心、练习多面批、方法多指导。

对考试不及格的学生进行补考，做到不放弃任何一名学生，也不让学生出现过早分化。扎实开展“党员义务辅导示范岗”活动，广大党员教师不计报酬，无私奉献，发挥共产党员的先锋模范作用，给学生做出榜样示范。

6. 备考

在学期末最后三周举办以备课组为单位的期末复习竞赛，以评促教。各备课组发挥团队力量，在期末考试前对该学期的知识进行系统整理和复习，要求“四个统一”，即统一计划、统一内容、统一讲稿、统一考练，切实提高解题能力。

（二）抓教研以研促教

1. 完善五级教研机制

充分发挥备课组、科组、名师工作室、学校、联盟学校五级教研网络的作用，以备课组教研活动为基本单元，每周定期集中组织教研活动，分学科，定时间、地点、

内容和主讲人，重在取得实效。

2. 发挥名师引领作用

本着“面向全员、突出骨干”的原则，全面实施“青蓝工程”。落实师徒结对，开展名师教育智慧讲座；举行“青蓝工程”汇报课，组织青年教师每学期一考、赴名校观摩学习，做到教学、研究、培训一体化，引领青年教师成长。

3. 探索课题研究模式

以教研活动为平台，以研讨课为阵地，围绕“新课程、新高考”开展深入研究，引领教师广泛参与省市级课题的科研工作。

4. 聚焦理念转变扩大学习培训

通过“走出去、请进来”的校本培训方式，开展各类学科专题讲座、交流研讨会；邀请一批省内外知名专家来校交流指导，使每一位教师都能有所发展，促使领导和教师的教育教学理念不断更新、教科研能力不断提高。

六、坚持教学中心地位，不断改革创新，促进高质量发展

（1）做好教学常规工作。完善考后质量分析制度，做好差率跟踪，小题分析，建立健全跟踪检测、跟踪分析、科学评价、动态表彰的教学质量评价体系。

（2）加强备课组建设，加大督导和检查力度。强化蹲组联班工作，举办以“聚焦核心素养，培养关键能力”为主题的教研节暨教学开放周活动，展示学校文化。

（3）开展专题教研活动，提升教学质量。一是以“有效课堂教学（重点是教师的教学有效性和新课标、新高考模式下的学科核心素养课堂模式构建）和关键能力培养（重点是学生的学习自觉性和学习能力的培养）”为教研专题；二是以问题为导向确定自选的学科教研专题，解决本学科组在教学教研中存在的突出问题，认真分析校情、学情，围绕目标，制定计划，有序实践，做足过程，总结经验，建立措施，以形成模式，创新推广。

（4）加强办学联盟的教研创新，提升办学联盟实效。

（5）抓好高三备考工作。一是激发斗志，营造氛围。坚持综合测试分析的表彰、考后张贴优秀学生和进步比较大的学生光荣榜、考后优秀习作展等。二是加强研究，共同提高。聘请高考备考专家做讲座，切实开展复习策略专题研讨等。三是面向全体，盯紧“临界”。如组织后100名学生重考、问题本跟踪、周末专项练习、组织好培优扶弱工作、利用每天的第八节和晚上前两节晚修给艺术生上课等。四是注重心理健康，舒缓压力。上好主题班会，及时疏导学生心理问题；联系心理辅导室，做好学生心理辅导工作等。

第二篇 专业知识

《中学教师专业标准》中“专业知识”包括教育知识、学科知识、学科教育知识和通识性知识。有的专家认为：学科知识是教师成长的必要条件，但不是充分必要条件。教育知识和学科教学知识才是决定教师专业水平高低的主要因素。

教育知识是教师所具有的教育学、心理学方面的知识，一般是动态性的，是目前教师所普遍缺乏的。

学科教学知识（Pedagogical Content Knowledge，简称 PCK）由美国著名教育家舒尔曼提出，认为它在教师专业知识结构中处于核心地位。是一种有关如何组织及呈现具体内容、问题，并使之适应不同学习者的兴趣和能力的理解，其中包括最有用的呈现知识的形式、最有力的类比、图表、例证、解释和证明，总之就是那些呈现学科知识并对其进行公式化陈述，以使其他人能理解的那些方法。相对其他的知识来说，PCK 能够促进有效教学。是区分学科专家与教学专家的分水岭，也是衡量新手教师和专家教师的分水岭，并成为制定学科教师专业标准，设计教师教育课程指南的重要依据。

教师不能仅凭所学的学科知识和教育知识进行专业的实践尝试，还必须面对充满不确定性的教育环境，在实践中不断进行研究，把所学知识与教学实践有效地结合起来。

地理概念教学的方法与策略

地理学科核心素养主要包括人地协调观、综合思维、区域认知和地理实践力。这些素养的表述体现了学科特点，但显得更精简、更抽象，在进行教学活动时，想顺利地落实核心素养并不容易，直接指向地理核心概念更具有实际操作意义，便于地理学界以外的学生们深入地认识地理学科，也更便于中学地理教学活动顺利开展。地理教学要体现地理学科思想，培养学生的核心素养，然而如何在教学中实践仍处于探讨阶段。核心概念对地理学科的教学具有很多的引导性，符合学生地理素养的要求。

一、明晰地理核心概念和重要地理概念

1. 地理核心概念

《地理教育国际宪章》中指出：学习地理的一些主要概念有位置和分布、地方、人与环境的关系、空间的相互作用、区域。这里谈的主要概念就是核心概念。地理核心概念是指居于地理学科中心位置、具有较强统摄力和广泛解释力的概念。现在许多地理学者都认为地理核心概念有九个，包括位置、分布、地方、区域、尺度、地理过程、空间相互作用、地理环境和人地关系。它们是组成地理学科课程的关键概念，是构成地理学科知识体系的节点。

2. 重要地理概念

地理概念就是对地理本质特征的抽象概括。一是高中阶段地理学科对学生掌握的重要地理概念有热力环流、地理环境整体性和地域分异规律、区域环境承载力、人口合理容量、城镇化、城镇内部空间结构、地域文化、环境问题、可持续发展等；二是备考复习中出现频率较高的、影响我们地理思维的关键性概念，如：大气逆辐射、大气环流、地质作用、地质构造、生态农业、生态环境、地理环境、产业结构升级、土地盐碱化、湿地等。

二、目前地理概念学习与教学现状存在的主要问题

教师教学中存在的主要问题有忽视地理概念的重要性、忽视学生的认知特点、忽

视学生的前概念、忽视学生概念生成过程、评价方法较单一；学生学习中存在的问题包括地理概念学习的动机不强、地理概念辨析能力较薄弱、地理概念对地理空间思维能力的培养有待提升、地理概念学习方法需进一步改善。

显然，从地理科学的特点和教育部要求“立德树人”的目标来看，师生共同存在的问题直接影响了学生今后对地理知识和原理的掌握、科学素养的提升和地理问题解决的能力。

三、明晰重要地理概念和核心地理概念在学习中的作用

1. 明确思维要点，准确阐释问题

在平常的学习中会经常遇到，对于某个问题的设问，由于对设问中的地理概念产生了困惑，而不能明确思维要点，或者说分析问题产生了偏差。如：（2015 年广东卷）“分析南水北调东线工程通水后对南四湖地理环境可能带来的有利影响”。我们很容易关注到设问中的一个地理概念“地理环境”，但只有明确“地理环境”既包括自然环境，同时也包括人文环境，作答时思维要点才能全面系统。学生容易出现的问题是只分析地理位置、地形、气候、水文、土壤、生物和自然灾害等自然环境，却忽略了在人类长期的生产生活过程中所形成的人口、城市、工业、农业、交通、商业和旅游等人文环境。如分析出了“南四湖水量会增加，水位会升高，空气湿度会加大，气候得到了调节，同时，由于水量增加，给水中的生物提供了更加宽广的生存空间而有了良性的发展”等要点，但不容易分析出“水量增加，利于通航，利于发展养殖业及旅游业”等结论。究其原因，实际上还是对“地理环境”概念没有分析透彻，因为我们对地理环境的概念没有细化，所以导致没有形成完整的思维要点。

又如，2021 年广东省普通高中学业水平选择性考试（地理）第 11 题【环境保护】分析青藏高原热融湖的发展对当地自然地理环境的影响。如果考生熟悉“自然地理环境”这个地理概念，就可以从地理位置、地形、气候、水文、土壤、生物和自然灾害等方面进行综合全面的分析，但不应从人口、城市、工业、农业、交通、商业和旅游等方面分析人文环境。

在分析问题时，会强调要用地理术语答题。大量的地理术语就是地理概念，如果我们不能理解地理概念，也就无法准确地阐述问题。举例如：“从自然地理环境的角度，说出川藏铁路修建过程中面临的主要挑战”。参考答案如下：“高寒、缺氧、冻土广布；地势起伏大、地质灾害多、需要跨越的河流众多；经过生态环境脆弱区”。对于答案的最后一点“生态环境脆弱区”可能又会有同学产生疑问，什么是生态环境脆弱区？其实这又是一个重要地理概念，其指生态系统抵抗外在干扰、维持自身稳定的能力较弱，易于发生生态退化且难以自我修复的区域。只有理解了这个概念并知道其在我国的空间分布，才能答出这个要点来。

2. 利用核心概念，归类整合知识内容

袁孝亭在《如何梳理地理核心概念？路径：从地理学思想出发进行梳理》中指出：从空间看待一切是地理学的根本思想方法。它在哪里？它是什么样子的？它为什么在那里？它是什么时候发生的？它产生了什么作用？怎样使它有利于自然环境和人类？由以上六大地理问题衍生出的核心概念：地理位置与分布、地理特征与差异、地理因果关系、地理过程、空间的相互作用（空间联系）、人与环境的关系。由“微观论述”衍生出的核心概念进一步整理为：地理位置、地理分布、地理特征（含差异）、地理过程、地理联系。这样梳理的意图是追求这样一种效果：以地理学思想方法为广角镜与高观点，把握地理学科内容的关联性与结构化，进而明确应该遵循怎样的学科逻辑，运用怎样的学科思维方式、方法与技能来发现与解决问题。以核心概念为线索对地理知识进行归类：按地理位置、地理分布、地理特征（与差异）、地理过程、地理联系等为线索，将课程标准的内容标准进行归类整合。

四、地理概念教学的方法与策略

地理新概念题在近几年的高考中经常出现，2019 年全国卷 I“抱团飞地”发展模式；2020 年全国卷 I 治沟造地、岳桦结实线；2021 年广东卷岸线发育系统、辐射逆温、边滩、溶解氧、热融湖；2022 年广东卷河床纵剖面、水体物理性质、碳减排等；地理新概念题是试题利用文字材料或图表提出一个新的地理概念，让学生通过对这一新概念的分析理解来解决一些具体的地理问题，该类试题立意新、有深度、有难度，考查学生对地理事象的理解、判断和综合分析能力，以及对新知识的学习能力。所以，平时养成的地理概念学习习惯和理解地理概念的能力，在很大程度上会影响学生的考试能力。

对待地理新概念题，可以遵循如下程序来展开：找出题目中的概念—理解概念（通过反复阅读，理解概念的内涵和外延）—联系已学相关知识，找出与之相关的地理原理或地理规律（关键）—调动已学地理原理或地理规律相关知识，得出正确答案。即“找—析—联”的方式。对地理概念的学习，尤其要注重抓关键词，化繁为简。最能表达和概括地理概念内涵的往往只有几个关键词而已，教师要帮助学生找出关键词，进行分析归纳总结，化繁为简，消除学生的厌烦情绪，提高学习的积极性和主动性，使学生短时间内掌握地理概念。例如对“土壤”这一概念的理解，土壤是“在陆地表面具有肥力并且能够生长植物的疏松表层”，从中我们可以提取两个关健词就是“具有肥力”和“能生长植物”，通过此种方法我们不但常握了土壤的的概念，而且进一步了解了“土地”和“土壤”之间的关系。土壤一定是土地，但是土地不一定是土壤。抓住关键词对于地理概念的理解具有决定性的作用，因此在刚开始的学习中，教师要帮助学生找出关键词，当然最重要的是要培养学生自己找关键词的能力，通过自主学习可以使学生更深刻地理解地理概念，并且提高学习的积极性与主动性，化被动为主动，提高学习效率。具体的策略有以下几点。

1．演绎法和归纳法

演绎法是先出现定义，随后再举例，可称为“规—例法”。定义是由教师提供的，而举例则可以由教师提供或由学生探寻。归纳法是先举例，后出现定义，可称为“例—规法”。举例可由教师提供，而定义则常常由学生自已发现。两种方法都可以帮助学生掌握概念，演绎法最适用于教学时间有限的概念教学，归纳法更有助于学生学会如何学习。值得推荐的是将两者合起来运用，这样学习者就可以更牢固地掌握所习得的概念。地理概念的学习过程也分为演绎法和归纳法。利用演绎法形成学生地理概念定义，然后将地理概念和相应的地理表象相联系，最后使学生能独立地使用地理概念。运用归纳法正好相反：首先让学生观察属于该地理概念代表性的具体地理事物；然后进行比较，找出共同属性；接着对地理事物的属性进行归纳、概括，形成该类地理事物的特征；最后对地理概念做出定义。概念形成后还要将地理概念运用于实际，进行检验和开展抽象思维。

2．实地观察和课堂实验法

如果仅凭课本的文字叙述和插画，学生很难理解其内涵。教师可以带领学生走出课堂，到大自然中讲行实地观察，先观察事物的外部持征，再进一步分析事物的内部特征。例如学习温带落叶阔叶林的概念时，可以带领学生观察杨树、梧桐树、柳树等，并与植物园中的亚热带常绿阔叶林进行比较，发现前三种植物冬季落叶，夏季常绿。而亚热带常绿阔叶林植物四季常绿。让学生根据比较结果进行归纳总结，总结出两种植物的特点，使学生掌握地理概念的本质含义和课外拓展知识。例如在学习宇宙的时候，我们不能只依靠想象来学习，应带领学生来到天文馆，全面了解宇宙相关知识。一改传统学习方式，让学生真正走进地理，带着地理知识走进生活，带着生活中的问题走进地理课堂，这不仅巩固了知识，提高了学生兴趣，更充分提升了学生区域认知能力、综合思维能力和地理实践力，使综合素质得到全面发展。

3．前概念引入法

采用有效方式探查学生的前概念，并在课堂教学中有针对性地采取一些教学策略和方法，因势利导，帮助学生将地理前概念转变为科学概念。

4．直观教学和图示法

采用视频、录像、演示、实验等直观教学法和使用联系图（流程图）、示意图、景观图等图示法，在教学中能发挥大作用，因为地理图像是地理学第二语言，是教师地理课堂常用的教学方法，是学生地理学习的真正“法宝”。

5．漫画与地理教学有机结合

漫画作为人民喜闻乐见的艺术形式，以其讽刺和幽默的方式反映着现实生活，在给人们带来愉悦的同时，也给人以思考和警示，寓深刻于幽默，常有“四两拨千斤”

之效。

6. 列举对比法

在进行地理概念的教学中，教师不但要教会学生地理知识，而且还要注重培养学生地理知识的自学能力。高中地理概念特别多，并且不乏意思相近的概念，因此掌握单个地理概念的含义之外，还要了解几个概念之间的关系，通过对各类地理事物和现象的比较，以及学生的积极思维，使学生获得地理事物和现象的共性与个性，并揭示其本质区别与联系的一种方式。第一种是近似概念。如国土与国土资源、水力资源与水利资源、降雨与降水等。只有从本质上出发进行分析，找出异同点，从而确定相似地理概念的分界线。第二种是矛盾概念。矛盾概念又称为相反的概念，例如可再生资源与非可再生资源。第三种是包含概念。如地理环境、社会环境、城市环境。地理环境的外延是最大的，其次是社会环境，最后是城市环境。对易混概念尤其要注重区别，如水资源、水利资源与水力资源；地壳、软流层与岩石圈；阵风、盛行风和焚风；冲积平原、三角洲和冲积扇；海陆风、季风与季风气候；矿物、矿产与矿床；地质作用、地壳运动与地质构造；人口流动与人口迁移；环境容量与环境承载量；领土、国土与国土资源；昼夜现象、昼夜更替与昼夜长短；节气与季节等；

7. 概念图法

概念图通常是将有关某一主题不同级别的概念置于方框或圆圈中，再以各种连线连起来而形成的关于该主题的概念网络。概念图将众多概念依据其概括性水平不同而分层排布，概括性最强、最一般的概念处于概念图的最上层，从属的概念放在其下，而具体的事例列于图的最下层。写在两个概念之间连线上的连接词通常用来描述两者之间的关系。只有深刻理解每一个概念，掌握每一个概念不同的差异和联系，才能为我们地理学科的学习打下坚实基础。

重视问题式教学，促进学生深度学习

一、问题式教学的提出

《课标》“教学建议”中提到：“地理学科核心素养的提出，需要教师反思日常教学和评价的方式与方法，建议在继承传统教学优点的基础上，尝试更多地运用问题式教学、实践教学、信息技术支持下的教学等”。

问题式教学是用“问题”整合相关学习内容的教学方式。问题式教学以“问题发现”和“问题解决”为要旨，在解决问题的教学过程中，教师应引导学生运用地理的思维方式，建立与“问题”相关的知识结构，并能够由表及里、层次清晰地分析问题，合理表达自己的观点。

关注问题式课堂教学，设计问题是基础。问题的确定应考虑与实际情境相关联，可以覆盖若干条内容要求或教科书的若干章节，围绕问题，使教学内容的结构化与关联性更加突出。“问题”的呈现，要利于学生发现未知，激发学生学习和探究的兴趣，利于学生创造性地解决问题。“问题”的设计，需要依托情境，建议在选择情境时考虑以下几个方面：①贴近学生知识水平、生活实际和社会现实，使学生更易理解情境；②蕴含问题，给学生提供探究的空间；③体现关联性，让学生在一个贯穿全过程的情境中经历地理思维发展的过程；④与课程标准和地理教科书内容联系，便于学生找到基本的依据和资源。

课堂教学设计建议关注以下六个方面。

（1）以学生的认知水平和知识基础为起点设计教学。

（2）围绕问题设计不同层次的问题链条，注重地理知识间的内在关联性，并将所学内容有逻辑地整合成可操作的学习链条。同时也要注意学习链条的设计只是预设，实际学习过程的展开要以学生的思维发展为线索，避免出现教师用问题链过度“牵引”学生的现象。此外，还要关注在课堂生成问题，促进、激发学生发现问题、提出问题。

（3）将完整呈现问题和相应情境作为学生学习的基础和背景，避免将情境仅作为“导入”的做法，要引导学生在充分理解情境的前提下展开学习。

（4）让所有学生参与问题解决的整个过程，即使在分组学习时，也应避免每个小组仅解决问题的某个方面或某个环节的现象，以保证对地理问题的全面认识和综合思维训练。

（5）不论是演绎学习还是归纳学习，都要使学生能形成一定的地理知识结构框架，并综合地理解、解释和解决地理问题。

（6）要提倡和鼓励学生呈现开放性思维，具有创新性表现。

“问题式”在某种程度上也可看作是一个上位概念，凡是基于真实问题、开放式问题、尚无现成答案问题的教学，都可视为问题式教学，单元式、项目式、主题式等教学方式，都可用于问题式教学。

二、关于深度学习

（一）深度学习的概念

深度学习是指在教师引领下，学生围绕着具有挑战性的学习主题，全身心积极参与、体验成功、获得发展的有意义的学习过程。在这个过程中，学生掌握学科的核心知识，理解学习的过程，把握学科的本质及思想方法，形成积极的内在学习动机、高级的社会性情感、积极的态度、正确的价值观，成为既具独立性、批判性、创造性又有合作精神，基础扎实的优秀的学习者，成为未来社会历史实践的主人。

（二）深度学习有五个特征

（1）联想与结构：经验与知识的相互转化。

（2）活动与体验：学生的学习机制。

（3）本质与变式：对学习对象进行深度加工。

（4）迁移与应用：在教学活动中模拟社会实践。

（5）价值与评价：“人”的成长的隐性要素。

（三）深度学习的理论价值

深度学习的理论价值，不仅在于克服机械学习、浅层学习的弊端，让学生学得主动、积极；更重要的是，要克服长期以来的种种二元对立，使教师、学生、教学内容（知识）获得高度的统一，使教学内容（人类历史文化、人类认识成果）实现其本应有的价值，使教师、学生在教学中获得最大发展，使学生能够形成有助于未来持续发展的核心素养。

（四）把握深度学习的四个重要环节

即选择单元学习主题、确定单元学习目标、设计单元学习活动和开展持续性的学习评价。

（五）实现深度学习，有两个必要前提

即教师一要深刻理解学科育人价值，二要深刻理解并尊重学生。

（六）抓住深度学习的四个关键策略

1．选择情境素材的链接策略

多视角链接生活和生产；链接学科发展和科技前沿；链接思想道德教育要素。

2．学习过程中思维的外显策略

通过学生的自我分析让思维外显；通过学生的质疑辩论让思维外显；通过教师的连续追问让思维外显。

3．学习过程的深度互动策略

教师设计富有挑战性的学习任务，促进学生与任务的深度互动；教师指导学生完成任务，增加学生与教师的深度互动；教师组织学生研讨和交流，增加学生之间的深度互动。

4．团队教学研究的改进策略

教师要集体进行专业学习；教师要基于经验进行研究导向的教学改进。通过利用深度学习的内在机制（见图2－1），教师要充分发挥主导作用，触及学生心灵，培养学生学科核心素养。

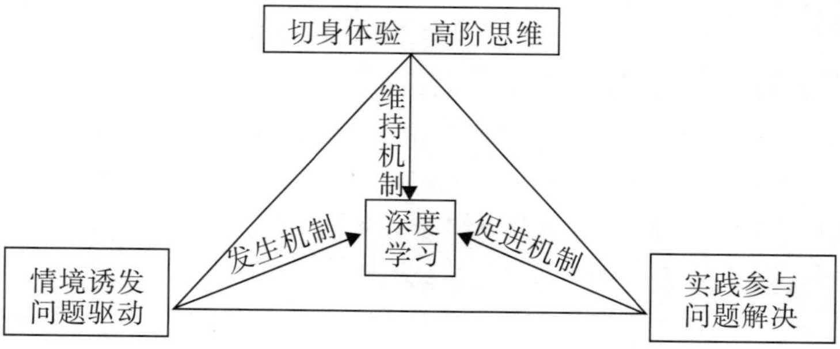

图2－1　深度学习的内在机制（李松林，2020）

三、通过问题式教学，促进深度学习

重视问题式教学，是《课标》实施建议部分提出的首个要点。问题式教学的开展，有助于学生深度学习的发生，在以“问题发现”和“问题解决”的过程中，激起学生学习和探究兴趣，发展学生地理思维过程，培育地理学科核心素养。

关注问题式教学，设计问题是基础。通过精心设计地理情境和问题，以及不同层次的问题链贯穿教学，在师生思维互动的教学过程中，引导学生深度学习。

珠海市香山名师杨金燕校长有一次在《从考情、学情看备考》的讲座中举例：

必修二第四章“工业”：工业联系、工业集聚、工业区域、产业转移，我们采取了如下策略：

（1）自主学案，明确教材核心知识。

（2）小组讨论，确定项目学习主题：①工业区位因素分析；②工业集聚与工业地域的形成；③工业发展对区域的影响；④企业可持续发展研讨。

（3）利用网络，开发项目学习资源。

（4）深入思考，提出项目探究问题。

通过活动设计，让学生区别以上地理概念，然后以珠海格力电器股份有限公司（下称格力电器）为素材设置问题链：

①工业区位因素分析。

问题1：分析1991年格力电器在珠海市发展的区位条件。

问题2：格力电器为什么选择在巴西以及国内的合肥、重庆建生产基地？

②工业集聚和工业地域的形成。

问题1：龙山格力工业城内的各类企业存在什么样的关系？

问题2：为什么多家空调零部件生产企业迁到龙山格力工业城发展？会带来哪些影响？

③工业发展对区域的影响。

问题1：格力电器进入合肥，对合肥会产生哪些有利影响？

问题2：举例说明格力电器的发展对珠海经济带来的影响。

④企业可持续发展问题。

问题1：有人提出格力的研发机构应该迁往广州或上海，你认为是否合理？请说明理由。

问题2：格力电器从“中国制造”走向“中国创造”，给其他企业带来哪些启发？

问题3：你能为格力电器未来发展提出哪些好的建议？

（5）课堂研讨，共追项目问题根源。

（6）积极反思，提出项目学习新内容。

在分析格力电器到合肥、巴西建厂的区位因素时，教师向学生提问，这种在外省或外国投资建厂是一种什么现象？从而引出另一个新项目：产业转移。

（7）动手动脑，构建项目思维导图。

（8）进行拓展，实施项目实践活动。

情境试题有时就是研究微课题：平时教学中要培养研究氛围，开展问题式教学、项目式教学、研究性学习等。

通过以上例子，我们清晰地看出，问题式教学不论是演绎学习还是归纳学习，它所关注的都是使学生能形成一定的地理知识结构框架，并综合地应用知识，解决地理问题。

应用问题式教学方法开展教学，对学生思维的培养、教学内容的升华以及知识结构的构建等都有着不可忽视的重要作用，注重问题式教学，促进深度学习，有利于促进学生核心素养的落实。

问题教学设计的一般流程如图 2 –2 所示。

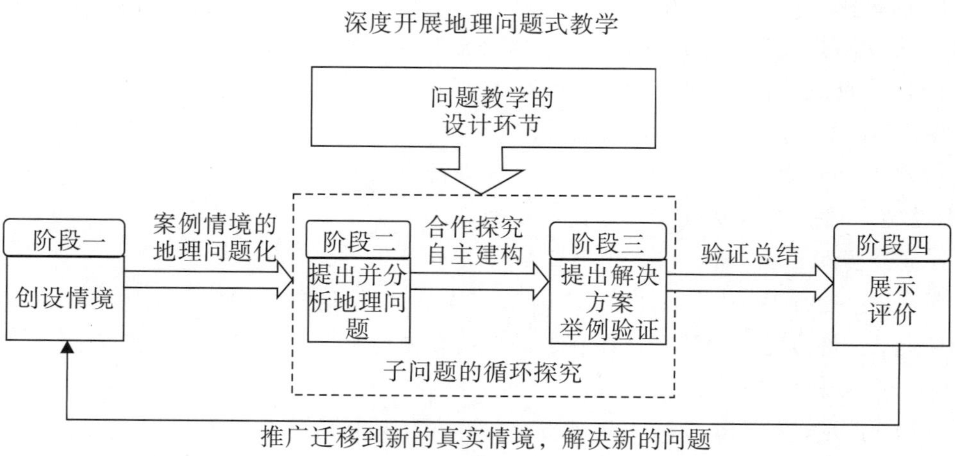

图 2 –2　问题教学设计的一般流程

问题式教学，可以提高学生课堂学习品质，是适应高考考查要求的积极回应，实现从“怎么教？（教学的流程）→教什么？（教授的知识）教师讲得多精彩（教师的教）”向“怎么学习？（学习的过程）→学到什么？（学生的素养）学生学得多投入（学生的学）”的转变。

地理教育源于生活、服务生活。要实现由关注教学活动向关注学习活动转变，难点是教师观念的转变，重点是学习方式的转变，而关键点是通过学习活动设计，开展问题式教学。

附：

斗门一中“问题探究”式地理教学模式

一、教学模式的设立与解析

斗门一中在原有的教学模式基础上提出“问题探究”式教学模式，旨在构建“以问题为中心”的课堂教学（之前我们曾提出“协同创新”教学模式，这一模式主要体现合作意识，后又依托新校区领域资源的优势，力求为学生提供课堂主动参与的条件，构建了“生态型”教学模式，在学案导学的基础上尝试小卷当堂检测、当堂达标，以提高课堂效率）。“问题探究式”教学模式可涉及新授课、复习课、讲评课、习题课、实验课五种课型，“以问题为中心”的高效课堂，探索适合于各类学生多元发展的“设疑—析疑—质疑—释疑—拓疑”的课堂教学流程。

具体解释如下：

1．设疑

目标——确立了创设情境、提出问题的方式——复习法、学案法、实验法、材料法、习题法、活动法等。

2．析疑

目标——合作交流、分析问题的方式——讨论法、材料分析法、比较法、图解法等。

3．质疑

目标——归纳总结、解决问题的方式——启发法、追问法、研讨法等。

4．释疑

目标——学思结合、知行统一的方式——理解概念、掌握规律，明确知识、纳入体系，提升能力、形成素养等。

5．拓疑

目标——领悟迁移、发现新问题的方式——习题训练、讨论交流、问题启思、理论联系实际等“问题探究”式教学模式，赋予学生话语权，引导学生学会提问，敢于提问，善于提问，使课堂成为学生生动活泼发展的乐园。

二、问题设置原则

学生是课堂的主体，在设置问题时，应首先考虑学生层次的差异，以及学生的兴趣爱好和需要。再根据教材内容的难易程度、学生的认知规律，以及学生已有的生活经验和知识来精心设计教学问题，斗门一中结合学生的分班特点设计的问题层次清晰，有递变性。

三、“问题探究”式教学模式的益处

（1）以问题激发学生的学习动机和学习兴趣。

问题设置应多结合学生身边的实际生活，不是特别的难，也不过于简单，难度逐级递进，让学生能摸得着，学生的参与积极性非常高。

（2）以问题引导学生学会运用地理材料——如《水循环和洋流》中关于洋流对地理环境的影响的讲授，我们设置了一系列与实际相关的问题供学生分析，如讲述“泰坦尼克”号沉没的原因与洋流有关，从而引导学生总结出洋流影响航运。

（3）以问题启发学生思考、探究。问题层次嵌套，知识逐一呈现。

四、教学过程遇到的问题

（1）实际课堂教学中通过一系列的问题创设，引导学生自己发现那些客观上已经存在但是对其来说仍然是新的知识，但课堂随机性较大，学生可能质疑的知识涉及多个方面，不一定是我们在课前预设的内容，如果出现这种情况，教师就很难把握课堂时间与课程的难度，特别是刚刚参加工作的教师。例如“荒漠化的危害与治理”一节，我们在设置问题的时候知识侧重于对西北地区荒漠化的原因分析、危害及治理的措施。

对于教材中的活动也做了处理：涉及黄土高原的水土流失、南方地区的红漠化等。在实际的讲述中，学生在质疑环节中提出了西南地区的石漠化，而且由石漠化又引出了南方的地貌类型，结果在一课时的时间内没有完成教学任务。类似于这样的情况还有很多。

（2）地理学科属于边缘学科，有偏理科的特点，有些章节的地理知识不大适宜问题式教学，例如高二地理复习时，为了应对高考需要加入一些拓展的知识内容，比如在“大气环境”一节中，还应涉及一些气候类型方面知识的规律性总结，然而教材中并没有对这部分知识做太多详细的介绍，所以这部分内容就不能完全采用这种“以问题为中心”的教学模式，教师讲授的时间可能会偏多一些，对于一些层次偏低的班级可能就会出现教师讲授为主。

（3）在设计不同层次的问题时，需要教师结合具体的教学内容，把学生的个人知识、直接经验、生活实际作为重要的课程资源，在学生思维的最近发展区内，提出恰当的对学生思维有适度启发的问题，此过程需要教师做大量准备。

（4）课时方面的限制。课改后高一地理为2课时，“宇宙中的地球”和“大气环境”是地理中的两个难点，课时安排有些紧张，有些知识不能完全地展开，问题的设置不能太细，不同的章节有些环节可能会略去。

能够结合学校发展实际解决问题的教学模式就是特定阶段的好模式。在实施“问题探究”式教学模式的过程中，我们边追踪、边研究、边预设、边实践、边学习、边回顾、边反思、边积累，逐渐完善。

建构理论指导中学地理研究性学习

课堂教学是学校教育的主阵地，也是实现和完成学校教学的主渠道。除了传统的教学外，还应积极开展地理活动课。地理课堂传统教学和地理活动课是相辅相成的，前者是开展课外活动的基础，后者是对课堂教学的必要补充和发展。

建构主义理论是在20世纪30年代由瑞士教育家皮亚杰提出的，随着学校教育、教学中许多问题的出现，建构主义理论不断被应用到学校教育中。建构主义理论的基本观点是：知识是通过学习者与社会环境相互作用得到的，学习者在一定社会文化背景和情境下，借助教师和学习伙伴的帮助和交流，通过意义建构的方式获得知识（意义建构是通过“图式”“同化”“顺应”和“平衡”的方式进行的）。

教育界一直探讨着这样一个问题：学校应该教什么？在我们看来，最重要的应当是两个“科目”：学会怎样学习和学会怎样思考。这首先意味着明白你的大脑是怎样工作的，你的记忆是怎样工作的，你是怎样储存信息、找回信息，将它与其他概念相连并在你需要时能马上查到新知识。即我们怎样学习比我们学习什么要重要得多，所以必须以培养具有创造性地解决问题能力的人才作为衡量教学质量的主要标准。新的人才观从“三个面向”出发，要求培养学生从“知识型”转变为“智慧型”，从“守成型”转变为“开拓型”，要求从偏重于传授知识转变为重在开发智力，以培养学生的能力，这就需要学生在教师的指导下去探索，去创造，去独立学习与钻研。请看图2－3所示的教学模式图。

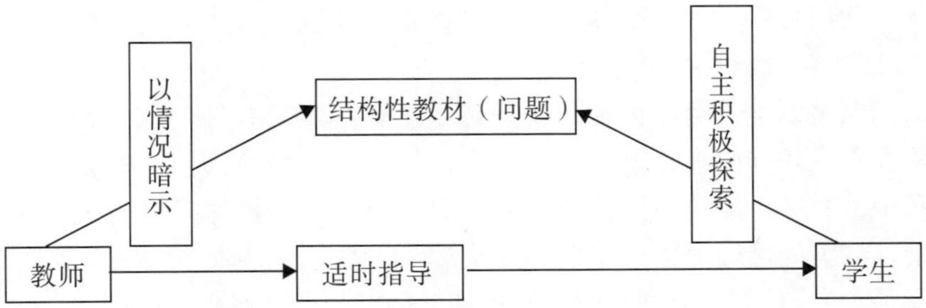

图2－3　教学模式图

这种教学模式的结构是一种师生之间、学生之间以及学生自身的多向反馈结构，它的表现形态是一种思考水平的教学，即在教师启发下，学生积极主动解决问题的教学。

地理活动课的核心是“动”，即学生亲自动手、动脑，去探索、去创造。所以活动课并不是一般的课堂教学的补充或延伸，不应成为“搬了家的课堂”。它应有独特的课程结构模式，以及独立的教学内容、方法、手段，它应是一种独立的课程形式。“有趣、可行”是地理活动课成功的关键。如果把活动课变成强求参加或兴味索然的课程，那么这样的课就不可能成功，也不会受到学生的欢迎。“有趣”是指活动的知识性、趣味性，使学生“会玩”“想玩”，在“游戏”中提高。“可行”是指活动的可操作性。活动内容的设计，基本要符合学生的知识水准才能激发学生的潜在能力。如果在活动中渗透少量高一级的知识，让学生在活动中理解、提高，那么就会激起学生更大的学习兴趣。又如，德莱顿和沃斯在《学习的革命》中讲述了这样一个事例：

新西兰帕斯顿郊区的麦西大学教育学高级讲师帕特·诺参博士创办了弗莱伯格高中，在这所高中参加综合学习的学生常常沿着新西兰美丽的旺加努河做一周的旅行，把历史、地理、生态环境、土地使用和自然学科结合在一起，然后通过电脑分析研究成果，最后写出研究报告。图 2－4 所示模型显示了弗莱伯格高中综合学习方案是如何把中心课程科目与实地考察和电脑学习综合起来的。

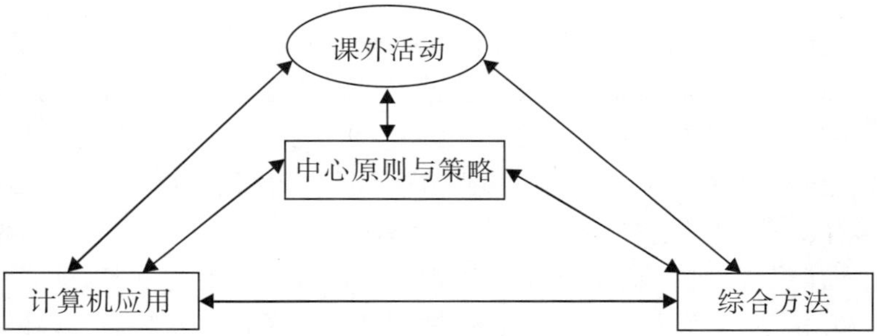

图 2－4　弗莱伯格综合学习网络图

实验的结果，证明综合学习的学生比那些接受常规学校教育的学生做得更好。从这个例子中，我们可以发现，培养学生的独立思考及独立解决问题的能力从而培养创新素质的人才是多么的重要。

地理活动课是以学生自己活动为主，让学生在不断总结经验教训的过程中，增知长智。学生在克服各种困难和障碍的过程中，使自己的观察力、想象力、思考力不断提高。活动中，教师不能包办代替，但也不能放任自流，教师的作用是参与指导和协助。活动前，教师应选好课题（课题的安排要循序渐进），做好资料和材料的准备（动员学生一起准备），认真研究活动中可能出现的问题，并提出解决的办法。活动课结束后，应及时进行小结，以利于下次活动中改进和提高。教师要注意发现和培养一批学生骨干队伍，通过“滚雪球”，带动全班同学，不断提高活动质量。

一、地理活动课开展的理论依据

（1）培养目标和贯彻党的教育方针的需要。

（2）课堂教学改革的需要。

（3）学生的生理和心理发展的需要。

（4）变封闭式教育为开放式教育的需要。

课堂传统教学和活动课的开展，是教育和教学过程中统一的不可分割的两个方面，也是不可相互代替的两个方面，它们相互渗透，相互影响，相互促进。活动课偏重感性（实践），有适应性、灵活性和直接性的特点，是知识的深化。

课堂教学为学生参加课外活动打下基础，活动课则对传统教学起着巩固、补充的辅助作用，也起着扩展、深化、强化的作用。因此，越来越多的专家和学者特别关注活动课的作用。因为活动课可以实现学生的“六个解放”，即解放学生的眼睛、头脑、双手、嘴、空间和时间。

二、地理活动课的功能

地理活动课的功能包括：①建立新型的师生关系；②促进学习需要的激发；③激发学生学习地理的兴趣；④提高书本知识的可接受性。具体如图 2－5 所示。

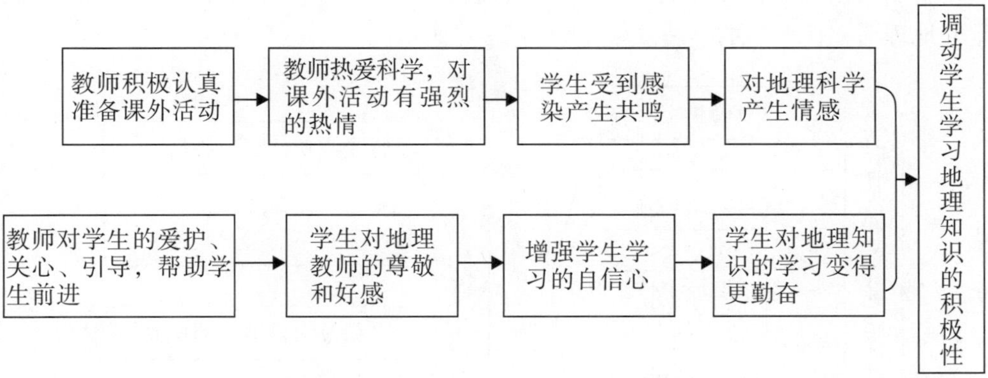

图 2－5　地理活动课对调动学生积极性的机制

强化中学地理活动课是新形势的要求，是地理课堂教学改革的需要，是培养学生能力的重要措施，也是加强爱国主义教育和国情教育的有效途径。

三、地理活动课的设计原则

（1）积极引导与提倡自愿相结合。

（2）学生为主与教师指导相结合。
（3）精心组织与形式多样相结合。
（4）内容有趣与富有吸引相结合。

四、地理活动课实施的步骤

（1）列出计划表。
（2）组织与确定活动量。
（3）活动过程中督促与指导。
（4）成果检阅与归档。

五、开展地理活动课的途径

1. 课堂外的活动课

（1）结合地理课堂教学内容，组织全体学生参加的野外观察、地理调查、参观访问等活动均属于课堂外的活动课。

（2）按学生不同的兴趣和爱好，开展小型多样的地理活动，这是地理活动课的主体。如阅读地理科普读物，观看地理影片，参观天文馆、气象台、自然博物馆，还可以常年进行天象观察、气象观测、物象观测、环境监测，搞地理教具制作、地理摄影、地理资料储藏活动，以及设计地理资料积累、资料卡片的制作、地理手抄报活动等。课堂外地理活动课产生的学习效果，如图 2－6 所示。

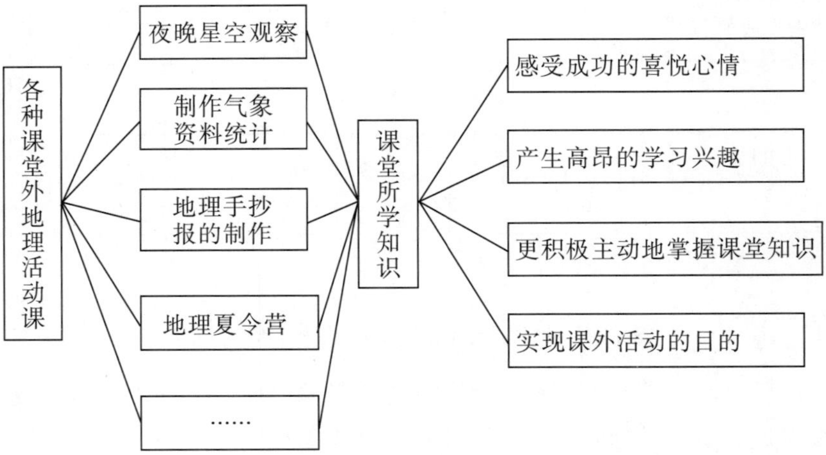

图 2－6　各种课堂外地理活动课产生的效果

2. 课堂内的活动课

课堂内的活动课包括地理游戏、课前三分钟、地理演讲、地理辩论、地理知识竞赛、地理谜语的猜射方法及在教学中的应用等。

这些活动对于不同的年级应有不同的层次要求，活动形式也应有所差异。低年级的学生，“游戏”可以多些；高年级的学生，动手、动脑、提高能力方面的内容则应多些。另外还可以安排一些跨学科、跨年级的活动课。地理活动课与地理必修课课堂教学不同，要特别强调“活动性”和“参与性”，不以常用的“考试”进行教学评估，但教学评估不可少。每位参加活动的学生都有一张“活动记录卡”，用以记录参加活动的时间、次数和表现。动手能力特别强的或有创造性的学生可做好详细记载，以便今后向高一级学校推荐。对学生参加地理活动课的成果，如地理小论文、地理墙报、观察记录、地理教具等，也可以作为评定成绩的依据。

例1：夏令营地理考察活动

结合学校和学科的实际，每年暑假地理科组都会举办暑期的夏令营活动，地点主要定在肇庆的星湖和韶关的丹霞山。依据如下：

（1）从地理学科考虑，星湖有七星岩这种喀斯特地貌和加入了世界“人与生物圈计划”组织的鼎湖山，丹霞山则是典型的丹霞地貌。

（2）从学生的消费水平考虑，有很大一部分学生来自村镇，生活水平有限，为了满足绝大部分学生的需要，故选择本省内距离珠海市较近的这两个点作为活动课的内容。

具体的做法是：

（1）准备工作：学生自愿报名参加，要经家长同意并在有关报名单上签字方可同意其参加。由旅行社承办，为每位同学购买人身保险。考察前观看有关内容的录像，让学生有目的地去参观浏览。

（2）学生的安排：为指挥方便，我们一般把报名人数定为100人以内，最多由两辆大巴运送，每辆车由两位教师负责。

（3）时间安排：①星湖三天游；②韶关丹霞山、南华寺三日游；③德庆水晶宫、封开小桂林、大斑石、北回归线标志塔三日游。

（4）活动过程中应注意的事项：由于各导游的水平有差异，因此对调查的内容教师要做必要的补充，导游没有讲及的知识，教师要及时补充。教师要不断强调组织纪律性，以免出现学生走失或发生其他意外的情况，同时注意自身财物，以免造成不必要的损失。

试举一例：如考察星湖前，要求学生带着以下几个问题去进行考察。

（1）鼎湖山和七星岩的地理位置？

（2）按鼎湖山的纬度位置与同纬度地区做比较，在景观上有何区别？为什么称它为“北回归线上的绿宝石”？此地的气候类型是什么？有哪些珍稀的动植物？

（3）鼎湖山中有何佛教名寺？佛教发源地在哪里？其他宗教呢？

（4）鼎湖山是什么时候加入哪一种世界性的组织？目的是什么？除此以外，课本提到哪些景点也加入了这种组织？近年来，又有哪些加入？七星岩名称的由来？属何种地貌类型？是怎样形成的？

例2：气象与天文观测

（一）气象观察

1. 明确活动目的

（1）通过学生的实地观察（见图2－7），印证书本上的知识和理论，了解和掌握与人类生产、生活息息相关的气候方面的系统知识。

（a）　　（b）

图2－7　笔者带领学生到斗门区气象局开展气象观测学习

（2）高中学生处于求学的黄金年龄，求知欲旺盛，可培养学生勇于探索及发现问题、解决问题、分析问题的能力。

2. 做好活动准备

（1）知识准备。

①对学过的气象、气候基础知识进行系统的梳理。

②介绍气象观察场的设置（标准场与学校观察场地的区别）以及一些常用气象仪器的用法。

③简介现代气象设备（无人遥测气象站、气象雷达、气象卫星等）。

④收看天气预报和识读卫星云图。

⑤气象广播的抄收，学习并绘制简易天气图（气象观察小组）。

（2）思想准备。

①明确观察目的，要有科学严谨的学习态度。

②要有持之以恒的科学精神，不能随心所欲、任意更改观察时间。

③到气象站观察的时候要遵守纪律，不许随意走动及移动观察仪器，要认真听气象员讲解。

3. 活动内容

(1) 在学校的气象园内观察。

①主要观测气温、湿度、气压、风向、风力、云、降水和天气现象等项目。

②气象小组还要观察地温和日照等。

(2) 到气象站观察，听气象员讲解。

(3) 对观测数据进行整理，并绘制简易的天气预报图。

(二) 狮子座流星雨的观测

1. 观测前的准备

(1) 加强观测前的宣传，先学习有关流星雨的知识。

(2) 安全工作的准备：要适当准备一些干粮、水、厚衣服、手电筒等物。

(3) 学生管理的准备：向学校领导请示，并加强管理，以免影响他人休息。

2. 观测时间

18日23:30始，19日3:00止，从18日23:30至19日0:30每隔30分钟观测一次，以防媒体预报的误差（吸取1998年的教训）。

3. 观后撰写观测报告，优秀报告展出奖励

活动前，教师应选好课题（课题的安排要循序渐进），做好资料和材料的准备（动员学生一起准备），认真研究活动中可能出现的问题，并提出解决的办法。活动课结束后，应及时进行小结，以利于下次活动中改进和提高。

（注：本文于2002年获得珠海市百篇论文评比二等奖，授奖单位：珠海市教育局）

浅析积件思想在中学地理教学资源库中的运用

近年来INTERNET网络上的教学资源增长迅速，但很多资源库都是为了“资源库而资源库”，很少考虑到帮助学生培养高层次的、非良构知识的构库模式。构建积件库，在地理教学中加强积件的运用，对适应当前的教学实践有重要意义。

一、积件思想与传统CAI课件

积件思想作为我国学校计算机辅助教学发展的新思维，它改变了当前教学软件的设计、开发与使用相互割裂的局面，使教师能利用计算机这一有力工具，运用现代教学设计和学习理论，自己制作适合各种教学情境的教学软件，真正做到以不变（积件）应万变（教学实际）。积件思想并不完全排斥现有的教育思想与教学方法，它恰恰体现出当前许多优秀的教育思想、教学理念和教学模式的某些特点，它把教学的素材、方法、内容呈现方式、策略等称为基元，并积聚成库——积件库。积件库中的积件基元就是一个知识点或特定的学习环境（微教学单元），甚至是教学策略的形式，它们不囿于任何特定的教学环境和教学方法，也不局限于现行的课程体系和教材版本，其附加的约束条件很少，因而可积性（可重组性）就很大，很容易组合成不同的积件（可以分解）进行教学。而以往的CAI课件总是有启、承、转、收的环节，有头有尾，自成整体，断了哪一个环节都不行，这种看似完美的软件固化了知识的联系，模式化了思维过程，机械化了教学程序，很不适应千变万化的课堂信息交流；它在很大程度上排斥了教师的主导性和创造性以及学生的主体性和差异性。

二、对当前网络教学资源积件化的构想

当前，要实现我国积件思想首先要解决的问题是如何建设海量的积件资源库和设计出简单易用的积件系统组合平台，以及以何种方式，通过何种渠道来实现对积件资源库简单、方便、快捷的访问、查询和修改。而目前教育技术界普遍认为可以浏览器为界面，补充其教学积件平台功能，采用小功能模块挂接世界主流浏览器的软件环境是现阶段通用教学积件组合平台的理想模型，而在INTERNT网络上实现对积件库的建

设则是最理想的构库途经。基于 INTERNET 网络上已存在着大量的教学资源，所以只要我们进一步利用这些网络资源，把它们积件化，INTERNET 就会真正成为当今最大的开放积件资源库，并以其丰富性、实时性、互动性和可积性等真正渗透到现代学科教育的各个领域，系统地改变当前各科教育教学的模式。教师和学生也就能在教学过程中方便、快捷、实时地调用海量的世界知识宝库，真正广泛地发挥出计算机辅助教学的优势。

总之，当前在 INTERNET 网络上把现有的教学资源积件化是解决积件库建库的切实可行的途径之一，它也为网络积件组合平台的实现和运作提供了无与伦比的环境。

三、当前要实现网上地理教学资源积件化的迫切性和可能性

随着教育部“校校通”工程的开展，以及各地学校和相关部门对教育信息化的投入，INTERNET 网络的教育功能将进一步发挥其不可替代的优势。当前，教育技术界一致认为教师自制 CAI 软件来进行学科教学是未来多媒体辅助教学的必然趋势，但当前 CAI 课件的开发仍存在着极大的资源重复和浪费，利用率还偏低。这种结果，除了 CAI 课件自身的局限性外，很大程度上是因为教师在自制软件的过程中由于资源的缺乏和沟通的不足所造成。因此，开发出一个方便、快捷、简单易用和沟通方便的海量资源库是解决这一问题的关键。而随着目前“校校通”工程的开展，各地的信息化配备已大大增强，学校上网率呈指数级的增长，大大小小的资源库相继在 INTERNET 网络上建立起来，以地理为例，比较有名的如中学地理教学资源网、地理教与学资源网、新新地理课堂、含山中学地理教学网、地理教育网、地理教师网等，这些都是很好的尝试，也为真正用 INTERNET 网络去实现一个统一模式的、具映像性的、非良构的地理积件资源库提供现实的可能。

四、从地理学科的教学和自身的特点看当前实现地理资源积件化的必要性

从大众科学的角度看地理学科特点，具有独特的广泛性，它的知识结构与社会各行各业密不可分。同时，地理学的内容又是自然科学与社会科学的结合，综合性很强，涉及的知识面很广，这其中就包含了多个学科的相互渗透。这样的学科特点造成了在地理教学的过程中需要展示非文字性材料，如地图、示意图、统计图、照片、影像资料等比其他学科要多得多，在传统教学中要完成如此大量材料的收集、展示、转换会显得啰唆和烦琐，而且工作量相对较大，资料往往还不齐全，运用多媒体辅助教学就更显得乏力。

纵观现行 INTERNET 网络上的中学地理教学资源库，不乏丰富的一面，但它们大多都是以地理素材为主的资源，过分的将素材专业化，却很少涉及就某个问题为基点

来建构库存的积件思想。这样一来容易使地理知识脱离社会生活和其他学科知识的联系，造成系统知识间的分离，不利于学生对知识的全面掌握。而当前中学地理的教学更着重于综合能力的掌握和对问题的综合分析，通常地理中的自然部分，易于与理科结合，人文部分易于与文科综合。如全球政治、经济、军事等方面的热点现象与问题以及古今中外文学作品的评析，可以使政、史、地三科有机地结合起来；而资源开发、环境污染治理、环境保护等，可以使理、化、生、政、史、地各科巧妙地融合在一起；以区域为单位的事物与现象的分析，则使文理的融合与渗透变得更加便利。材料分析显示：1998 年普通高等学校招收保送生的综合能力测试题中，地理知识的分数比重占全卷总分的一半以上，七道大题中直接或间接考地理知识的就有六道；1999 年普通高等学校综合能力测试题中的“四川二滩水电站高压输电方案”“能源利用和能源开发”“求河流含沙量”等，都是与日常生活和社会发展及其他学科有着紧密联系的；2002 年综合科高考试题二卷第 39 题第 5 问和第 40 题第 5 问也充分体现了政治和地理的高度综合，并且分值提得更高。

所以，如果我们当前的地理资源库还只是停留在提供图片、文字、视频等传统资源上，那么地理资源库对当前地理教学的帮助则非常有限；我们应该利用已有的资源创造出一种有利于学生探究学习的类似于当前 WebQuest 学习环境的资源库。

五、实现地理资源库的积件化建模构想

（一）库存建模的三层构想

根据现阶段 INTERNET 网络上的中学地理资源库的特点，可以把它们进一步按学科结构分为常用库、次常用库和扩展库三个类别，在每一类别中除了必要的素材如图片、动画和视频外，还要建立微教学单元分库和问题基元点库等。微教学单元是针对解决某一个地理问题或地理现象而设计的类似于课件的小环境，通过它，学生和教师可以很容易就某个典型知识点进行学习理解和讲授；问题基元则是就某一地理现象的没有结论的电脑模拟或探索环境，它是需要学习者付出一定的努力才能理解的知识点，类似于现行 WebQuest 的探索模式。

同时，在资源库里要配以方便、快速、自动、智能的网络检索方法如采用项目内容、现行年级、知识层次、访问量、关键字模糊搜索等方式来处理（如图2－8），以及采用新技术如流媒体技术等保证容量较大素材传输的实时性和流畅性，真正做到简单、快捷、易用。

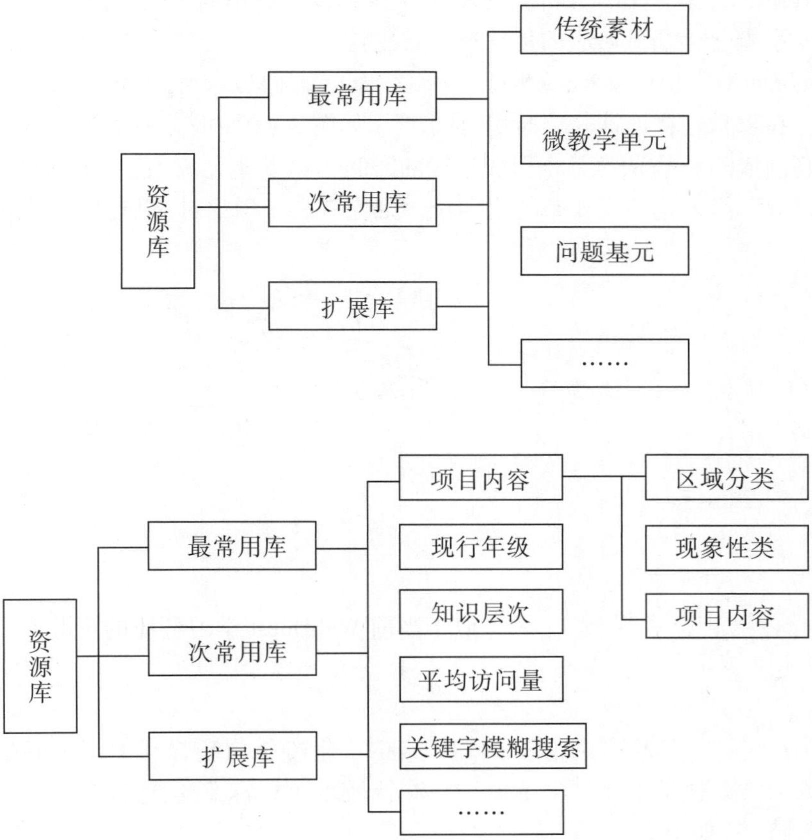

图 2－8

（二）要尽量保证资源库内的资源数字精确化、独立化、模块化及格式统一化

为了实现库存内基元的自由组合和分离，要尽量保证资源库内的资源数字精确化、独立化、模块化及格式的统一化。微教学单元库和问题基元库还要采用不同的演示模式加以组合，具有类似积件组合平台的一些组合功能，如链接模式、交互模式、模糊提问模式、混合模式等。

如，在“人类活动对气候的影响”部分，除提供相关的基本素材外，还应该把人类如何让氯氟氢排入大气以及氯氟氢是如何严重破坏臭氧层等内容单独制作成微教学单元，分为“关于臭氧”“关于臭氧层”“关于氯氟氢”“关于保护臭氧层”等。这样，教师可以按学生素质制作出不同层次的积件进行深浅不一的讲述，按学生素质高低选用任何一层，如氟利昂在光的作用下分解产生的 Cl 原子对臭氧层产生长久的破坏作用，有关反应如下：

$O_3 = O_2 + O$　$Cl + O_3 \rightarrow ClO + O_2$　$ClO + O \rightarrow Cl + O_2$　总反应为 $2O_3 \rightarrow 3O_2$

这些具体的较深一层的分析就应根据学生的反馈，有选择性地进行施教，讲述时也可继续联系光化学烟雾形成的化学过程做比较：

$NO_2 = NO + O$　$2NO + O_2 = 2NO_2$　$O + O_2 = O_3$　总反应式为：$3O_2 = 2O_3$

又如，在求月球绕地球一周所用时间 T″（如图 2－9）时，有关这个知识点在授课时若能把它制成问题基元（月相形成过程的时间 T 这一基元），让学生通过自学、网上资料搜索、分小组讨论等形式来得出结论，则更有利于学生对该知识的掌握。

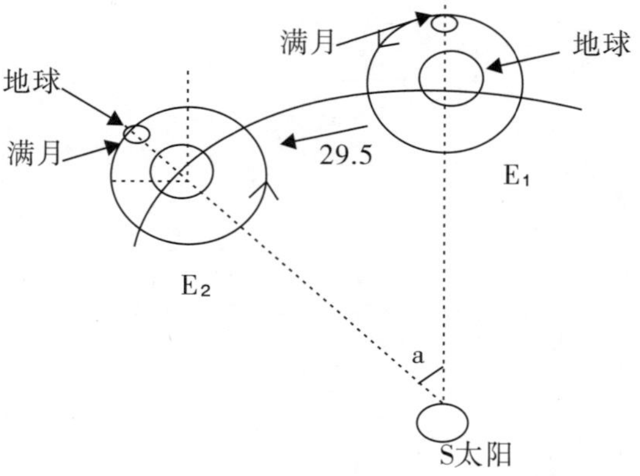

图 2－9

再如，在讲述“锋面与天气”的知识点时，把冷锋、暖锋影响下不同的天气变化分别制作成动画微教学单元，学生通过几次比较就可以深刻地理解为何“天气转好不等于雨过天晴”（如图 2－10）。

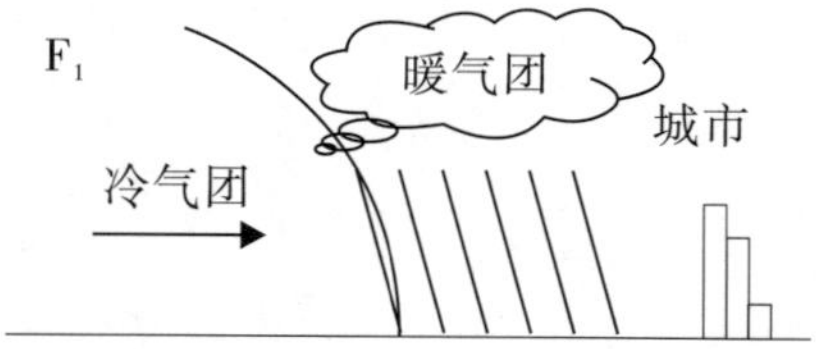

冷锋天气图1

暖锋天气图1

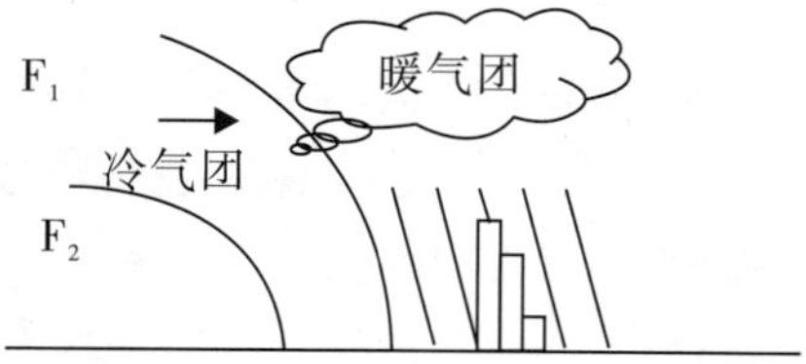

冷锋天气图2

暖锋天气图2

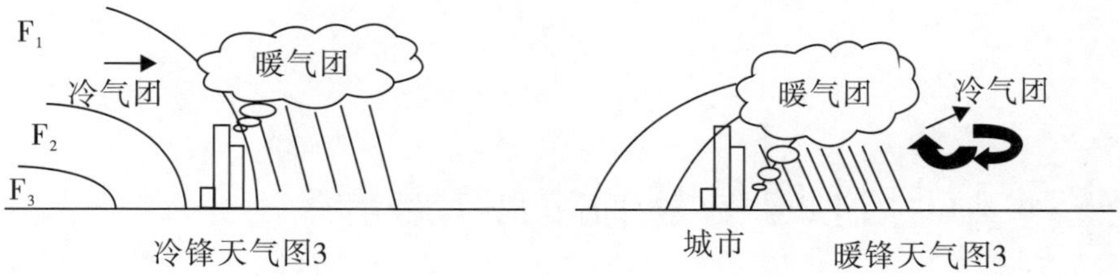

图 2－10

（三）地理资源库的积件化还要注意化繁为简、突出重点

地理资源积件化，还要注意将现有的资源化繁为简、突出重点。如可以把原来“我国土地资源分布图”分解成“耕地分布”“林地分布”“草地分布”等图幅，并配以相关内容的知识联系；把“水循环”分制成“海”“陆”“间”循环 3 个部分，每个部分又分成静、动两种情况；把原来较难讲解的“板块构造”和“地壳运动”等制作成多个独立的微教学动画单元，重点突出原理性的知识，如“向斜成山、背斜成谷”等。

自主学习与地理信息能力的培养

学习方式的转变是课程改革的重点之一，随着“数字地球”的建立，海量的、日新月异的信息，需要我们短时间内掌握和消化。培养自主探究的学习能力是时代赋予教育的重任，是对于传授学习的革命。新课标积极倡导自主、合作、探究的学习方式，旨在提高每个人的自主学习能力，从而为接受终身教育打下良好的基础。

一、终身教育的思潮

终身教育是 20 世纪 60 年代在国际上出现的一种教育思潮，倡导以自主性学习为主，并与其他方式相结合的教育模式。停止接受教育即意味着个人发展的停滞和继续就业的危机，因此以往那种一次职前教育终身受用的教育格局已经被打破，并迫使专业人员需要不断地学习来改造和提高自己工作的能力，以适应日益变化的社会及日益激烈的竞争需要。

二、信息素养的提出

社会已进入到网络化信息时代，面对爆炸式增长的信息量，人们犹如逆水行舟，不及时有效地处理和吸取自己所需的信息，就将成为这个时代的弃儿。信息素养（information literacy）作为信息时代的一种必备能力，正日益受到世人的关注。广泛地说，信息素养是指一个人获取和理解多种信息资源的能力。对信息素养的正确理解，亦可以从以下几方面入手：

（1）信息素养包括对信息（涵盖多种信息源）有效地检索、评价和使用。

（2）能对信息进行批判性的思考，并将有用信息变成自己思想的一部分。

（3）具有对信息进行主动鉴别，以及有区别地对待信息的能力。

而要真正实现信息素养则必须做到以下几点：第一，必须懂得和使用分析技能去简单陈述问题，明确研究方法以及能对实验性（经验性）结论进行批判性的评价。第二，必须能利用越来越多的、复杂的方法寻求问题的答案。第三，一旦已经明确了要寻找的东西就一定能够找到。

培养学习型人才，应重点培养学生掌握搜寻自己所需的信息的方法，并具备对已有信息进行有效组织、整理、利用和传播的能力。搜寻的信息源包括 Internet、CD - ROM 及各种印刷媒介等。在具有通信能力、阅读能力、写作能力和表达能力的基础上，不断发展对信息的敏感度，是有效完成学习任务、学会学习及掌握思考技能的前提条件。

三、目前中学生获取地理信息的途径与方式

1. 获取地理信息主要有文献检索、网络检索两种途径

在计算机尚未正式运用到情报检索行业之前，人们只能依靠人工，即手工检索。随着计算机技术的飞速发展，先后出现了联机检索、全球网络化检索和光盘检索，机读数据库日趋增加，导致了手工检索工具和机读数据库并存利用的现状。网络检索在全球进入信息化社会后优势明显，以 Web 为代表的网络技术的飞速发展，使全球图书馆的内、外环境产生了深刻的、快速的大变革，Google 每天可回答 2 亿个检索请求，它的“Google Ansers”可用 88 种语言服务，已成为“全球最重要的检索引擎”。机读数据库与传统的纸质印刷的检索工具相比较，具有检索速度快、提供的检索途径多等优势，目前已发展到不仅能够检索到文摘、题录等，还可以直接检索到某些专业的全文。但保存至今的文献浩如烟海，目前上网可查的多为检索性书刊，即书目、索引、文摘等，大量的语文性工具书、参考性工具书等机读目录的编制尚需时日，机检的一次查全率和查检一次文献的获得率目前还达不到令人满意的程度，因此手工检索仍然是一种重要的方式。

2. 信息的获取方式可以是自主检索，也可以通过信息咨询服务获取

信息咨询（参与咨询）是图书馆员以文献信息为依据，通过编制资料或利用检索工具等方式，有针对性地为用户揭示、检索和传递知识信息的信息服务工作。目前网络参考咨询主要有 FAQ（Frequently Asked Questions，常见问题解答）和电子邮件、留言板、实时参考咨询、联合参考咨询、基于知识库的软件代理等形式。

四、目前提高中学生信息素养的几点做法

（1）在新课改形势下，教师要认真转变观念，实施探究式教学模式，赋予学生更多更大的自主学习空间，以培养学生积极主动获取信息的习惯。

（2）培养学生严谨的治学精神。学术研究的本质是创新，要想有所成就，就必须具备踏实严谨的作风、强烈的责任感和敬业精神，并在活动—探索式教学实践中不断提高创新能力。

（3）学校要抓好图书馆员的专业培训，使图书馆员不断加强信息咨询的专业能力，并主动组织师生学习信息咨询知识。在网络环境下，研究人员获取信息的方式有自助

化的需求，但研究人员往往存在信息获取技术掌握不足的问题，为缩短研究问题的时间，对他们进行用户培训就显得相当必要。图书馆员应积极主动地根据其学习特性而实施不同形式的培训，采取FAQ、专题讲座、发放书面材料等方式对于提高研究人员获取信息的技能，以及准确及时获取信息和进行学术交流，具有积极深远的意义。

（4）加强中学生的信息伦理道德教育。

五、提高信息素养初探

下面以教师指导学生开展关于黄杨山——“珠江门户第一峰”称谓的考证为例，谈谈提高中学生自主学习能力和获取地理信息能力的做法。（见本书第130～134页）

在活动—探索式的探究过程中，学生阅读了大量的有关知识，掌握了获取信息的方式与途径，提高了自主学习的能力，为接受终身教育打下了坚实的基础。

（注：本文于2005年8月获第四届“创新杯”全国地理教研论文评选一等奖，授奖单位：中国地理学会、《地理教育》杂志）

笔者注：

《课标》实施建议提出“深化信息技术应用”，认为信息技术的发展和应用是地理教学改革的助推器，对改变学生学习方式和教师教学方式，帮助学生享有公平而有质量的地理教育具有重要作用。借助大数据、人工智能、“互联网＋”等信息技术的学习，是面向未来的学习方式之一，为学生提供自主学习、探究学习和合作学习的开放空间，促进地理学习的拓展和深入。

地理说课
——以“人口迁移”为例

地理说课是一种教学研究活动形式，是地理教师面对同行或教学研究人员，用口头语言和辅助手段阐述某一课题的教学设计及理论依据，对说课评价进行反思，共同研讨如何改进和优化教学设计。地理说课内容一般包括说教材分析与处理、说课程标准及教学目标、说学情与对策、说教法与手段、说教学设计思路五部分。下面以人教版地理必修二第一章第二节“人口迁移”为例。

各位评委老师，大家好！

现在请允许我向大家介绍我在“人口的迁移”这节课的教学处理。

一、说教材分析与处理

（一）地位与作用

本节教材由两部分组成，一是人口迁移的概念与分类；二是引起人口迁移的方向、特点及因素。课程标准的要求是举例说明人口迁移的主要原因；活动建议是运用本地人口资料，探究本地人口迁移的特点。

本节“人口迁移”是高中地理必修二第一章第二节的内容，一方面，它是前一节人口分布的发展与深入。另一方面，它又是后一章中城市化水平提高的主要原因。所以，从某种意义上讲，人口迁移是联系人口和城市两部分内容的桥梁。

（二）教学重点、难点安排与突破

教学重点：人口迁移的概念；“推拉理论”。

教学难点：影响人口迁移的因素。

教学突破：

（1）结合生活中具体案例来分析人口迁移的概念及特点，变繁为简。让学生学习对生活有用的地理，学习生活中的地理。通过学生身边的直接经验来理解课本上的间接经验，更好地感知和接受课本知识。

（2）从具体的案例中引出不同时期人口迁移的方向、原因及特点，并加以对比，

使学生在思考、讨论中掌握重难点；特别是乡土材料的讨论，极大地调动了学生的积极性，使课程重点部分在学习氛围的高潮中得以解决。

在教学的设计上，大胆地将历史材料、政治背景与地理知识相结合。结合自主学习和交流探究，构建国际人口迁移的完整过程；以具体的古代政治事件为背景，反映古代人口迁移的原因；让教学的流程层次感鲜明、体系性更强。

二、说课程标准及教学目标

1. 本节内容课程标准

举例说明人口迁移的主要原因。课标的行为动词“说明”要求学生在理解人口迁移的概念和“推拉理论”的基础上，能通过具体的案例从自然环境、社会经济等角度分析影响人口迁移的因素，要求学生具有一定的综合思维能力。课标要求的行为条件是“举例”，表明学生要学会利用具体实例来分析人口迁移的相关问题，因此在教学中，教师应运用案例分析、小组合作的教学方法，借助各类图文等资料提供区域的真实案例，引导学生归纳不同案例区域的人口迁移特征并分析其影响因素，提升学生的区域认知和综合思维能力。

2. 本书内容教学目标

①了解人口迁移的概念和分类，根据材料，判断某人口流动形式是否属于人口迁移。(综合思维)

②理解“推拉理论”，结合具体案例，归纳影响人口迁移的主要因素。(综合思维，区域认知)

③根据材料，分析人口迁移对迁入地和迁出地的影响，形成正确的人口观、发展观，提高保护环境的意识。(区域认知，人地协调观)

课标中“内容标准”解决“学什么”的问题；“学业要求”解决“学到什么程度”的问题，是落实到核心素养上的学业成就；“学业质量标准”则是将“程度”按照素养水平进一步划分为等级。显然，这三者涉及的内容要有一致性，是逐步细化和可测量的关系。这样制定教学目标，是因为现在的课标提出了【内容要求】，但没有提出【学业要求】，所以要按照地理核心素养培养的基本路径设计评价方式和内容。

方法路径：①基于【内容要求】设置问题情境包（图、文结合等形式）；②设计问题链（指向内涵核心素养四个要素）；(3) 做好外显的指向地理核心素养四个要素的评价说明。从而实现情境真实化、问题具体化、行为素养化。

三、说学情与对策

1. 必备知识方面

学生在现阶段已具备初步的人口知识，但对人口迁移与环境之间的内在联系知之甚少，平时对身边的地理事象关注也比较少。

2．关键能力方面

学生身心发育趋于成熟，知识面广，具有较强的认知能力、推理能力和自学能力，对新的学习情境有极大的兴趣与学习欲望。但学生对地图的判读能力尚比较欠缺。

3．学科素养及核心价值方面

作为“00后”，学生们自小生活比较安逸。在这一课里通过一个个鲜活的人口迁移案例，试图激发他们勇于冒险、追求自我实现的精神。

四、说教学方法与手段

人口迁移是当代高中学生都非常熟悉的一种社会现象，但是其涉及的领域比较广泛，受到的影响因素比较复杂，因此在教学中努力让问题形象、生动、有效地展现出来便成了本节课设计的重点。通过思考，该节内容大体运用了下列教学方法与手段：

（1）通过具体的生活现实导入本课。通过案例分析轻松地引导学生进入自主思考的空间。

（2）运用比较的方法，清晰地将“人口迁移”与“人口流动”的内在区别展现出来，并及时运用大量实例来进行巩固，不仅让学生学习了知识，更掌握了对比分析这种有效的方法。

（3）采取合作探究的方法，运用本地的乡土材料引导学生运用所学知识解决身边的地理问题，培养学生的创造性思维。

（4）引导学生自主阅读教材，培养学生的自学能力与总结归纳能力。

（5）利用多媒体课件让学生在视觉和听觉共同参与下，更好地理解本课的重点和难点。

五、说教学设计思路

（一）导入新课设计

【设计方案】

以赵氏皇族祭祀典礼在珠海斗门古镇南门村菉猗祠重现的图片导入本课课题。

【设计理由】

以乡土材料激发学生对本课内容的理解。

（二）新课教学设计思路与流程

1. 人口迁移的概念与分类、人口迁移的影响因素及流向的教学方案

【设计方案】

调查学校教师（班级学生）来源地，开展人口迁移问题式探究：

（1）根据斗门一中教师来源地调查或访谈，分析一中教师来源地的构成特点。

（2）珠海教师系统有一句话“广东教师半两湖”，你认为这句话说得有道理吗？请根据数据分析。

（3）斗门一中教师来源地随着时间的推移发生了较大变化，请你分析原因？

（4）2000—2003 年是斗门一中教师调入的高峰期，为什么？根据数据分析这一阶段调入教师的特点。

（5）影响教师选择来珠海工作的因素主要有哪些？

（6）来珠海工作，对教师有哪些有利和不利的影响？

（7）根据珠海 40 多年人口变化曲线图，分析珠海人口变化特点。

（8）珠海市迁入人口的年龄构成和性别构成特点分析。

（9）举例分析某一重大政策或重大事件对珠海市人口迁移带来的影响。

（10）珠海市人口迁移和斗门一中教师迁移有何异同？

【设计理由】

基于真实问题，设计问题链采用问题式教学。“问题”的呈现，利于激发学生学习和探究的兴趣。“问题”的设计，依托了情境，在选择情境时考虑以下几个方面：贴近学生知识水平、生活实际和社会现实，使学生理解情境；蕴含问题，给学生提供探究的空间；体现关联性，让学生在一个贯穿全过程情境中经历地理思维发展的过程；与课程标准和地理教科书内容联系，便于学生找到基本的依据和资源。

该问题链设计关注以下几个方面。

（1）以学生的认知水平和知识基础为起点设计教学。

（2）围绕问题设计不同层次的问题链条，注重地理知识间的内在关联性，并将所学内容有逻辑地整合成可操作的学习链条，并以此关注学生在课堂生成问题，促进、激发学生发现问题、提出问题。

（3）让尽可能多的学生参与问题解决的整个过程，以保证学生对地理问题的全面认识和综合思维训练。

教师在教学前，提前布置学生开展了一些社会调查活动，借助信息技术整合相关地理信息，引导学生综合地认识“自然—社会—经济—文化”之间的相互作用与协调关系，体验自主思考探究的过程。

2. 关于国际和国内人口迁移的原因、特点和方向的探究教学方案

【设计 1】

以学生自主阅读教材为主，探究归纳 19 世纪前国际人口迁移的原因、特点和

流向。

【设计2】

以国际务工信息广告为材料分析二战后国际人口迁移的原因、特点和流向。

结合课前设计的问题链，再呈现如下案例让学生思考和探究：

【设计3】

以客家人的迁徙为例，结合中国古代历史文献记录的背景，讨论古代人口迁移的影响因素、迁移特点和流向。

【设计4】

分别以“闯关东”“走西口”“下南洋”中国近代史上三次大的移民潮，以及“知青”下乡视频和自身经历为案例，对比分析20世纪80年代前和80年代后国内人口迁移的影响因素、迁移特点和流向。

笔者用一个个不同的案例材料来展示影响人口迁移的因素、迁移特点和流向，这样做的目的在于一方面要充分发挥学生自主探究的主体性与思想性，另一方面又将每一个活生生人物的最终命运穿插其中，激励学生勇于冒险、追求自我实现的精神和克服一切困难的决心和勇气。

3. 人口迁移的影响的分析思路

（1）从辩证角度：有利影响和不利影响。

（2）从区域角度：对迁出地影响和对迁入地影响。

（3）从三大要素角度：对生态环境、经济、社会三方面的影响。

（4）从具体方面：人口迁移对人口数量、性别比、职业构成、产业结构、交通、社会治安、城市化等都有重要影响。

4. 呈现本节课的板书设计（图2－11）

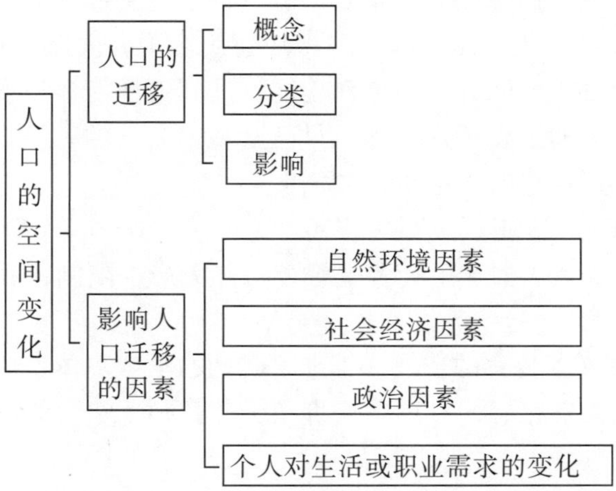

图2－11　本书课板书设计

从素质教育入手抓好农村中学地理教育

随着改革开放和教育改革的深入，我们越来越深刻地认识到培养学生综合素质的重要性。素质教育作为一种教育指导思想和改革模式，越来越多地得到教育工作者的重视，实现由应试教育向素质教育的转轨，势在必行。素质教育是地理教学面向21世纪的改革方向，也是地理教育发挥优势、获得更大生机的机遇所在。

一、地理教育的重要性及存在的困难

今天，我们处在一个科技飞速发展的时代，地球上每天的气象变化、自然灾害和发生的战乱，都直接或间接地刺激着每个人的感官，其中，最主要的、涉及信息量最多的知识就是地理，这是谁也抹杀不了的客观事实。“百年大计，教育为本”，在塑造国民灵魂的中学基础教育的必修科目中，不论是语、数、外，还是理、化、生，不论是政、史、地，还是音、体、美、劳，都是培养合格现代化的建设者和劳动者必须兼备的文化素质。作为传播地理科学成果的地理教育，其内容越来越丰富，涉及的领域也非常广泛。当代，人类面临的人口增长与粮食问题、资源的利用、大气污染、生态平衡、物种保护等，对于从事任何职业的现代公民来说，大家都倍加关注这些问题。地理学科在人地观教育方面所具有的特殊功能，是其他任何学科都无法取代的，地理学科在国民素质教育上的这种特殊功能，早已是举世公认的。但是，现在农村中学要抓好地理教育，起码还存在如下几方面的困难。

（1）由于高考实行“3＋X”（最近提出“3＋M”方案）制度①，在这种指挥棒的作用下，地理虽要求会考，但学生会考是否合格并无严格限制，故学校把其列为“次课”，学生不太想学。

（2）随着九年制义务教育的普及，带来暂时性的学生整体素质较低的现象，实施素质教育的评价体系尚不完善，对正确评价和衡量教师、学生的能力及成绩还没有一种恰如其分的标准。

（3）由于经济发展水平的原因，农村中学条件普遍较差，教学设备不齐全。如没

① 本文写于1997年，特指当时的广东高考制度。

有专门的地理实验室、电化教学室、地理气象观测站等，很难推行电化教学，开展第二课堂活动的困难也较多。

在这种种条件都不尽人意的情况下，我们如何提高认识，深刻把握素质教育的实质，并从素质教育入手抓好农村中学的地理教育，成为摆在我们面前亟待解决的重大课题。

二、素质教育的实质

素质教育即全面素质教育或全面发展教育。作为一种教育指导思想和办学模式，它有如下几个特征。

第一，全体性。即着眼于国民整体素质的提高上，在教育过程中面向全体学生。

第二，全面性。要求全面发展学生的思想道德、文化科学、劳动技能和身体心理等各方面的素质。

第三，主体性。承认、依靠学生的主体作用，培养学生的自我教育能力。

第四，差异性。在教育中因材施教，不搞“齐步走”“一刀切”。

第五，基础性。着眼发展，着力打基础。

三、激发学生兴趣，在培养学生素质方面下功夫

1. 课堂的“音”“相”教学

“音”，即在课堂上播放或即兴演唱与课文内容有关的一些赞美祖国美丽山河的歌曲；“相”，即教师在课余时间拍摄的、收集的相片。因为农村中学条件都较为不理想，地理教学设备差，如没有幻灯机、缺少有关的地理录像带等，教师就要在简陋的条件下发挥自己的聪明才智，最大限度地调动学生学习地理的积极性，同时也可以加强视听效果。如“中国地理”中就出现了两首曲子，一首是《歌唱祖国》，另一首是《长江之歌》，吟唱或播放这些雄壮有力的歌曲，可极大鼓舞我们每一位炎黄子孙，激励学生的爱国之情。讲到第三册“中国的矿产资源”时，可唱《松花江上》《我为祖国献石油》，讲“黄河”可唱《黄河大合唱》以及其他众多脍炙人口的曲子，这要比空洞枯燥地说教效果好得多。

另外，教师因手头缺少丰富的挂图、地理模型，因此可利用业余时间收集一些有关地理方面（如本地的工农业生产、本地区的自然地理环境等）的相片向学生展示，既真实又亲切，还可增强学生的学习兴趣。

2. 联系实际，在教学中贯穿乡土地理知识

义务教育教学大纲提出的中学地理教学内容的原则是：从培养社会主义公民的需要出发，以环境、自然资源、人类活动为线索，正确阐明人地关系，有利于启迪智能和参加社会实践活动。学是为了用，要真正做到学以致用，就一定要加强理论和实际

的结合。家乡是青少年学生认识和了解祖国的窗口，家乡的锦绣山水、悠久历史、绚烂文化、革命传统和建设内容，是学生日见常闻、比较熟悉的内容，充满着乡土气息和美育因素。如讲述地形、地貌、气候、人口、交通、资源等问题时，都要结合身边实例，启发、引导学生掌握地理知识。

3. 丰富学生的第二课堂

开展丰富的第二课堂，可以培养学生不断探索新知、独立分析问题和解决问题的能力，对学生综合素质的提高起着重要作用，也符合以学生为主体的教育规律。结合农村中学的实际，可着力开展如下第二课堂活动。

（1）地理模型、地理教具的制作。作为初中操作型的第二课堂活动，可请学生制作地球仪、断层、褶皱、火山等模型，也可组织学生画一些教学所需的地图。

（2）开展地理智力竞赛，搞地理游戏，如以抢答、猜谜、拼图竞赛、画图竞赛等形式进行，既生动又活泼，可充分调动学生学习的积极性，提高学生的组织能力、思维能力及应变能力。

（3）制作地理墙报，张贴地理剪报。组织这项活动可使学生获得更多的课外知识，以及了解地理学、天文学上的最新动态和最新的研究成果，可以弥补课堂教学的不足。

（4）举行科普讲座。作为地理集会型的活动，可以专门请地质研究所、地震局等的同志做科普报告会。

（5）组织课外地理摄影，举办地理摄影展。一方面可以提高学生的摄影技术，另一方面也可以让学生在拍摄中了解地理知识。拍摄的内容可以是自然的，也可以是人文的，如本地区的地貌、岩石结构、农作物、河流、湖泊、旅游风景区的景观等，或是当地的工业、农业状况等。

（6）组织学生进行野外观察。俗话说“百闻不如一见”“读万卷书，行万里路”，通过旅行、考察，可以开阔眼界，增长知识，了解风俗民情，并能增强体质，有益身心健康，同时也有利于书本知识与生活知识的结合。

4. 教学中采用各种形式，帮助学生记忆

大纲中列出的地名、物产、数据等地理事实材料要求学生记住，但这些数据等往往较为抽象，没有规律可循，所以教师要帮助指导学生寻找知识记忆的方法，做到灵活记忆。可以参考如下几种方式进行灵活记忆：

（1）顺口溜。顺口溜朗朗上口，新颖有趣，学生喜闻乐见。如中国省级行政区七字顺口溜：“两湖两广两河山，五江（疆）云贵福吉安，四西二宁青甘陕，渝蒙海台北上天”。

（2）谚语。在教学中适当运用谚语，帮助学生更好地理解与此有关的地理知识。例如：在讲解“天气和气候”时，可引用“天上鱼鳞斑，地上晒谷不用翻”（指透光高积云），“鱼鳞天，不雨也风颠”（指卷积云）；讲述锋面时，可用“南风吹到底，北风来还礼”等。又如讲“粮食生产是关系我国国计民生的头等大事”时，可启发学生列举形容粮食生产重要性的名言或谚语：“民以食为天、食以粮为主”“五谷者，万民之命，国之重宝”“粮食是个宝，一顿少不了”“无农不稳，无粮则乱”“稻粱菽、麦黍稷，此六谷，人所食”等。

（3）雅称。雅称是长期以来对某些事物形成的特点的称法。内涵丰富，特征明显。如宁夏平原和河套平原有“塞上江南”的美称；柴达木盆地有“聚宝盆”的美称；“东方明珠”是香港特别行政区的美称。

（4）概括归纳法。对一些识记内容可以进行概括归纳，有助于记忆。如记人口超过1亿的国家：中国、印度、美国、俄罗斯、印度尼西亚、巴西、日本、巴基斯坦、尼日利亚、孟加拉国，名称多，较抽象枯燥，难以记牢。通过归纳，可概括为“中美俄，孟加拉，两日、两印和两巴”，语气押韵易记。又如，在学习“西亚和北非是沟通两洋、三洲、五海的交通要道”的知识时，其中“五海”易混淆，经归纳，可概括为“4+1”即“四海加一湖”（里海实为湖泊），按颜色记：红（红海）、黑（黑海）、白（阿拉伯海，“伯”与“白”谐音）、中（地中海，此处意为颜色呈中性），经过这样的归纳，识忆内容就容易记活、记牢。

（5）形似记忆。按照地图轮廓的特点，加以联想，有助记忆。如日本岛屿轮廓与其岛屿名称极为相似，“四国”“九州”两个岛屿的外形轮廓分别与大写“四”与小写“9”相似，“本州”岛屿轮廓狭长形如“本”字第一笔即“一”，这样，就容易把这几个岛屿对号入座了。

5. 充分利用黑板艺术进行教学

黑板艺术是地理教师的基本功，包括板图、板画和板书，三者合称“三板艺术”。教师应该经常进行自我锻炼，提高技艺，使之臻于熟练，运用自如，而且在应用过程中还要不断创造，使之更好地为教学服务。如教师在新授知识的同时，可以画一些经过简化的局部地图：相对位置明确、重点突出、便于记忆，即使有界线轮廓出现，也可只求神似，不计细节，再加上红蓝粉笔的搭配，既美观又有层次，能加深学生的印象。板画与地图不同，如景观图、原理示意图，要求教师要理解并进行临摹，要重点突出且能说明问题。如地貌、植物、动物或地理原理形成过程，如地形雨、对流雨、锋面雨、岩石风化、褶皱、断层等，比起用现成的挂图更生动更有动感。

板书第一个要求是黑板字写得工整规范，笔顺正确，不能出现错别字、异体字；第二个要求是列纲目，或列关系式，或列图表；第三个要求是版面安排合理、布局美观恰当。板书不是教学内容的照搬，也不应完全重复课本标题，它应该凝聚教师对教材的深入体会和精心构思。

6. 运用语言艺术进行教学

教学语言是每个教师的一项基本功。它是传授知识、启发提高、阐明学习目的、培养学习兴趣、进行思想教育等一系列教学活动的最主要的表达手段，当然也是传递信息、交流师生情感、陶冶品德等的重要方式。地理教学语言可以分为描述法、谈话法、讲解法、朗诵法等，但无论哪种方法，都要注意科学准确、逻辑系统、直观形象，具有艺术性、启发性、生动性等。如对江南亚热带季风气候的四季分明的描述，可描述为“春季风光明媚，莺飞草长；夏季炎风暑雨，稻绿蝉鸣；秋季天高气爽，谷黄鱼跃；冬季瑞雪盈野，麦青豆壮。”听来语调铿锵，想来宛如画面。又如描述热带珊瑚景观，可配合板图设计为：“红珊瑚，白沙滩，碧海映蓝天，椰林婆娑，鸥鸟盘旋，点点小白帆”，如诗如画。

7. 巧借古诗文教学

把古诗名句中优美的诗情画意，结合地理知识的内容在课堂上讲解，大有使人耳目一新、引人入胜之感，由此创设听课之最佳境界，为顺利完成教学任务打下良好基础。如讲气候时用“沾衣欲湿杏花雨，吹面不寒杨柳风”（春）；“黄梅时节家家雨，青草池塘处处蛙”（夏）；“看万山红遍，层林尽染”、“停车坐爱枫林晚，霜叶红于二月花”（秋）；“忽如一夜春风来，千树万树梨花开”（冬）。讲气候分布时用“一山有四季，十里不同天”“人间四月芳菲尽，山寺桃花始盛开”；讲地球公转、自转时用“醉时不觉乾坤转，醒来才知星斗移”等，都能起到良好的效果。

8. 穿插趣味故事教学

在地理教学中，根据讲授内容恰当穿插一些趣味故事，既能加深学生对基本概念、原理的理解，又生动活泼、引人入胜，增强学生的地理学习兴趣。如讲授“宇宙中的地球”一章时，学生对“宇宙”的概念是难于理解的，但教师只要将“孙悟空一个跟头十万八千里”的故事一讲，然后问“孙悟空是不是到了天边呢?”这么一个问题，从而引出宇宙“无限大”的概念。“天”就是“宇宙”，那么“宇宙”就是无限大的空间，无限长的时间。又如讲“南亚”一节时，可讲述“唐僧取经”的故事，天竺即在现在的南亚地区。又如讲“日界线”时，可先讲一对孪生姐妹出生的故事。问为什么妹妹反比姐姐大？学生听起来津津有味，思想特别集中，对跨越“日界线”的日期变更情况就更容易理解，掌握得更牢。

四、培养学生辩证唯物主义的观点

地理教学是学生认识客观世界、了解自然界的物质运动变化规律的重要途径。通过学习使学生了解宇宙的奥秘、物质的运动及各种自然现象，使他们了解“扫帚星”并非不祥之兆，日月食现象也非大祸临头，久旱不雨，也不必“祈老天发慈悲”……凡此种种，在地理教学中，都能让学生学到更多的科学的地理知识，从而使学生树立正确的认识客观世界的辩证唯物主义观点。

五、培养学生可持续发展的现代意识

当今世界，不论发达国家还是发展中国家，都把可持续发展作为社会、经济发展的重大战略措施。为使学生具备可持续发展的观念，地理教育义不容辞地承担起了教育学生的重任，这也是地理教育在素质教育中的价值体现。新的高中地理教学大纲就以可持续发展战略为主题，从可持续发展的概念、原则、生态、经济、社会、区域、人口等方面，全面贯彻可持续发展战略。

综上所述，随着素质教育的全面推行和实施，以及可持续发展战略的贯彻，地理教育在培养学生素质，提高学生能力方面的作用将越来越显露出它的重要性和不可替代性，农村中学的地理教师要立足现有条件，不断加强自身素质的提高，从素质教育入手切实抓好地理教育。

（注：本文荣获珠海市中学地理教研会 1997 年年会教学论文二等奖；1998 年 4 月获珠海市 97 学科教学论文评比优秀奖，授奖单位：珠海市教育委员会）

如何开展地理课题研究

《中国教育改革和发展纲要》第26条提出："各级政府和教育行政部门要把教育科学研究和教育管理信息工作摆到十分重要的地位"，"鼓励和支持学校、教师及教育工作者积极进行改革试验"。

教师进行教育研究可以提高自身教育教学能力、实现专业发展，也可以解决教育改革中出现的新问题，更可以实现自身价值，完成由教书匠—科研型、学者型教师—名师—教育家的转化。能够申请到课题、主持研究、完成课题，是教师具备较高教学科研能力和水平的标志，是教师专业发展的良好平台。因此，在教师专业发展日受重视的今天，在教师教学科研要求愈加提升的大背景下，成为一个懂课题、会申报课题、会研究课题的教师，已经势在必行。

时代和社会的发展对教师做课题的能力和水平提出了很高的要求，现实中仅有一小部分教师进入了主持课题研究的行列，还有相当一部分教师徘徊在课题研究之外，或者只是参与到他人的课题里"打酱油"，而没有真正主持过课题。这与教师还没有认识到课题研究的价值与重要性有关，更与没有掌握做课题的方法，不具备课题研究的能力相关。因此，提高对课题研究的认识，提升课题研究的能力，成了教师专业发展中的一个重要问题。

一、课题研究的基本思路[①]

（1）发现问题：陈述背景，聚焦核心问题，确定选题和目标"是什么"。

（2）分析及归因：为什么是这样，原因、价值、意义是什么，课题研究"为什么"。

（3）制定对策：针对问题，设计解决的思路、方法、途径并实施。

（4）行动研究：不停地验证、反思、改进，提炼改进对策即"怎么做"。

（5）总结提炼：评价和解释"做得怎么样"。

思维路径：问题—归因—对策及实施—总结提炼评价；要求思路的表达——思维

① 胡中锋《核心素养背景下教师教育科研问题类型与方法》。

可视化。如《申报评审表》《开题报告表》《结题报告》中必须明确：①选题的背景；②本课题核心概念界定，国内外研究现状评述，选题意义及研究价值；③本课题的研究目标、研究内容、研究假设和拟创新点；④本课题的研究思路、研究方法、技术路线和实施步骤。

作为思路框架的构建——思维建模的过程如下：

研究背景—核心概念的界定—国内外研究现状及评述—理论依据—研究目标—研究内容—研究方法—实施方案（可行性方案）—预期成果及表达。

二、申报课题的策略①

申报课题要注重四个环节，一要熟悉课题申报程序，二要把握课题申报要求，三要熟悉课题申报书的写作，四要清晰其他需注意的事项。

课题的拟定，是提出问题的开始，非常重要。提出问题为何比解决问题重要？爱因斯坦认为：提出一个问题往往比解决一个问题更重要。因为解决一个问题也许仅仅是一个数学上或实验上的技能而已，而提出新的问题、新的可能性，从新的角度去看旧的问题，却需要有创造性的想象力，而且标志着科学的真正进步。

那么什么是好的研究问题？有四个简单的标准：有意义、有创新、有可能和具体明确。另外，要注重选题的价值取向：必须直面本校的教育需求、必须直通相应的教育现实问题、必须直映教师自身的价值取向。要选好题，需要注重如下策略。

策略 1：选题新

有价值，有意义；立意要新；结合基础教育的热点、难点和发展点；关注新理念、新方法及新技术在教育教学中的运用。

建议关注：

（1）中学教师专业标准：4 个基本理念（学生为本、师德为先、能力为重、终身学习），13 个领域，63 条基本要求。

（2）新课程标准。

（3）中国学生发展核心素养。

策略 2：标题准

将课题的价值意义及方法结果简洁地呈现。

常见问题：标题不准确（不明确，不符合规定）。

例如：遨游天际——飞机模型（航模）制作校本课程研发；“光、影、画”；“研究性学习：悠悠中华韵味节日”等。

对策：用准确、规范、简洁、醒目的语言把研究的对象、问题概括出来。

课题名称三要素——研究对象、研究内容和研究方法。

---

① 刘文军《如何开展科研课题研究》。

格式：通过……实现……的研究。

前一个省略号代表可操作的行为措施或方法，后一个省略号代表可测量的、由前一个变量引起的教育教学效果，这个效果应是可测量的、可观察的、可言说的。

例如：“利用地理实验提高地理实践力的研究”“在翻转课堂中培养学生自主学习能力的研究”等。

策略3：聚焦准

常见问题：问题不聚焦。

如：中学地理概念教学的研究；以“三自法”培养学生地理兴趣的探究。

对策：对问题进行细化。

策略4：顶层设计

常见问题：“走一步想一步，哪里黑哪里歇脚”。

对策：整个研究在申报立项之初便应是完整的，不能边走边想边改。

常见的选题有：

（一）××存在的问题、成因与对策

（二）××概念与结构研究

（三）影响（导致）××的因素分析

（四）A和B的关系或对比研究

（五）××的实验研究

（六）××的个案研究

三、填写申报书

不同类型的申请有不同的表格，但有一些共同的要求。主要有四个系统：

（一）研究问题系统

主要包括：研究目的、目标、内容、问题与假设，等等。

（二）研究意义系统

为什么选择这个问题进行研究？可分个人需要与社会需要，也可分实践意义、理论意义、创新意义，选择一个维度进行说明。

（三）研究理论系统

在文献综述的基础上，构建研究的理论假设，这是难点。要求：①对前人的研究进行全面的综述和评价。②深入和透彻地把握教育实践的规律，准确预测研究的结论。

（四）研究方法系统

也就是如何开展研究？包括研究的过程与方法，要求具体详细，不能只有方法的名称。要系统、深入学习各种方法的使用要求、前提及注意事项。

四、开展好开题论证会

要明确开题论证的价值、方式，做好开题论证会的准备，如期做好开题论证会的召开，做好开题论证报告的修改等。

五、开展科研的几个环节

（一）精心准备

包括以下几个方面：①文献收集；②研究工具的收集；③做好研究过程的详细计划。

（二）实施研究

实施课题研究，一要走出理论误区，二要落实研究方法，三要处理研究资料，四要注意研究伦理，五要发表阶段成果，六要做好课题管理。

按照研究设计的程序实施具体的研究，严格按照操作的要求进行，收集不同阶段的数据、资料；对研究过程中出现的问题进行分析与处理，确保研究的顺利进行，保证研究的高信度。

（三）分析与处理数据、资料

对收集到的数据、资料采用不同的分析方法进行深入分析，主要有定量分析与定性分析。

（四）如何面对中期检查

一要明晰中期检查的作用，二要明晰中期检查的方式，三要做好中期检查的准备，四要熟悉检查报告的写作，五要做好中期检查的汇报。

（五）撰写研究报告

按照不同类型课题的要求撰写研究报告，除了上面提到的四个系统以外，还要有结果与分析系统及对策与建议系统，一共六大系统。

也可以撰写研究论文，基本思路可细化成以下几个环节。

（1）对提出研究的缘由进行陈述，指出本研究的核心，提出关键词并进行定义。

（2）有没有人研究过，相关的研究有哪些？

（3）怎样才能让该研究找到论据，有理有据，上规格及档次。

（4）我们最终要达到什么目的？

（5）要达到这些目标，需将目标进行细化，最核心的几个内容是什么？

（6）要实现所列目标，我们要采用哪些方法？

（7）以上过程是有时间和质量要求的，要完成以上项目，需要多长时间？人力、物力、财力安排如何？什么时间做什么，谁来做，做成什么样？成果是什么？

（8）经过以上过程后，要达成的目标是什么？如何呈现？以什么方式呈现？以什么样的方式来表达这一阶段的研究成果？

六、做好结题工作

正确认识和精心准备结题，及时申请结题，通过课题成果鉴定，得出课题鉴定结果，明晰成果鉴定指标内容和课题结项实施办法。

七、推广课题成果

明确科研成果推广的意义和困境，清晰科研影响的表现形式，做好课题成果推广的论证，弄清课题成果推广的方式

八、开展好课题研究要注意的策略

策略1：论证——重要技巧

课题研究强调紧迫性、必要性、可行性、逻辑性、必然性。归因是科学合理的，对核心问题的界定是准确的，范围确定是适当的该研究是有依据的（国内外研究现状、理论依据），方法选择是正确的，有效的方案是可操作的，团队是可驾驭的，结果是可预期的，成果是可测评的。

策略2：可行性

常见问题：实施方案不完善，看不到可行性。

策略：方案可行——目的明确、思路清晰、逻辑性强——（问题是什么，原因是什么，突破和改变的手段是什么）如何实施，什么时间做什么，怎样做，做得怎么样？

策略3：成果可预期

提前计划，成果可预期、可测评，且能被提供。

策略4：尝试用专家的眼光来评价自己的申报表

评审表既是给专家看的，也是给自己看的。因此，申报表要有明确的思维路径，聚焦标题，要用准确、规范、简洁、醒目的语言，把研究的对象、内容和方法概括出来，选题要有价值。

第三篇 专业能力

《中学教师专业标准》“专业能力”维度中共包括了教学设计、教学实施、班级管理与教育活动、教育教学评价、沟通与合作、反思与发展六个领域。我们的专业能力体现在哪里？首先要会做教学设计，要能把我们设计出来的好方案加以实施贯彻。要把我们心目中的课程，变成学生理解的课程。其次我们要有教学评价，教学评价应该包括几个重要的部分：我们对自己的教学评价，以及对学生学习的评价（含过程性的和终结性的评价），这是我们教师必须具备的一些专业能力。最后就是沟通与合作，反思与发展。对于教师而言，不断地反思自己的经验，反思自己的问题，寻求更好的改进，以促进自己的发展，是教师基本能力的一个重要组成部分。当然，对于中学教师，班级管理与教育活动的组织也是非常重要的专业能力。

第一部分 教学设计

《普通高中地理课程标准》（2017 年版 2020 年修订）在“实施建议——开展思维结构评价”中指出：地理学科核心素养的培养需要重视学生地理学习过程中的思维发展。学生的思维表现可以从不同角度评价，其中之一是对思维结构的评价。……避免过度使用“填空”和选择题的测试方式而导致的教学“碎片化”现象，进而将教学的重点从只关注孤立“知识点”或单一的“正确”结论，拓展到关注学生对地理问题的完整认识过程。这就需要教师在日常教学中给学生更多表达看法的机会，以使学生地理思维过程和真实状态外显。

地理高考题型试题分析
——打破思维定式

考情分析：近年来，高考试题具有“情境创设鲜活，设问巧妙灵活，考核目标明确”的特点，试题设置突出“联系实际”的风格，其中很多试题要求解题者在分析问题时抛弃传统的固有思维，结合所学知识打破思维定式，以检测答题者的地理知识与综合思维能力。

考试要求：《中国高考评价体系》“关键能力”指出，“思维认知能力”主要包括：形象思维能力、抽象思维能力、归纳概括能力、演绎推理能力、批判性思维能力、辩证思维能力，等等。经过素质教育的培养，思维认知能力强的学习者应当能够独立思考，通过自己的逻辑思辨，发表独立的、有创造性的看法；能够从多个视角观察、思考同一个问题；能够灵活地、创造性地运用不同方法，发散地、逆向地解决问题；能够通过敏锐的洞察能力，发现复杂、新颖情境中的关键事项的特征和有价值的新问题；

能够将所学知识迁移到新情境，解决新问题，得出新结论，并且能够科学地反思和验证自己的新结论，以确保新结论的可靠性。下面以部分试题详细阐述。

（2008 年全国卷Ⅰ）读右图，完成下列要求。

1. 指出 G 河没有形成明显三角洲的原因，并加以分析。

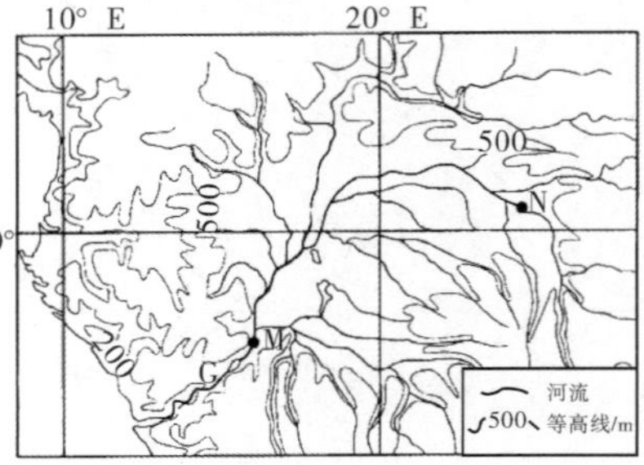

【思维路径】

逆向思维在高考解题中的应用。

①研究题意寻果；②逆向思维推因；

③答题思路构建；④有理有据作答。

【逆向思考】

河口三角洲是流水堆积形成的一种地貌。河口能否形成三角洲跟泥沙来源的多少和泥沙是否容易堆积这两方面有关，对这两条内容进行由果溯因，构建答题思路，问题就很容易解决。

结合题中材料信息，如图中经纬度信息——可得出位于刚果盆地，则可进一步推出当地植被为热带雨林；等高线信息——可推出 M 点以上多流经盆地地形，流速较慢，泥沙沉积；河口处等高线较密，水流急。具体分析思路如图 3－1 所示。

- 河流含沙量少
  - 1.森林覆盖率　　热带雨林
  - 2.流经地区岩性
  - 3.流经地区地势　　上游流经盆地
- 泥沙不易堆积
  - 4.河流下游地势　　入海口处等高线密集
  - 5.海岸与水深　　入海口处落差大
  - 6.地壳是否下沉

图 3－1　分析思路

【小结】

逆向思维其实是地理综合思维中的一种，也是对知识的一种归纳总结。要求我们打破常规地理思维，突破惯性的牢笼，顺利理清解答问题的思路。

（2018 年全国卷Ⅱ）地处黄土高原的汾川河流域多年来植被覆盖率大幅度提高。2013 年 7 月，汾川河流域降水异常增多。下表为当月 6 次降水过程的时长、降水量和汾川河洪峰情况。第 5 次降水形成的洪水含沙量低，第 6 次降水形成的洪水含沙量极高。据此完成下题。

降水序号	降水历时/天	降水量/mm	汾川河洪峰情况
1	2	53.0	无明显洪峰
2	4	80.3	无明显洪峰

续上表

降水序号	降水历时/天	降水量/mm	汾川河洪峰情况
3	5	100.1	无明显洪峰
4	2	73.2	无明显洪峰
5	2	90.7	洪峰流量 346 m^3/s
6	2	54.4	洪峰流量 1 750 m^3/s

第 6 次降水产生的洪水含沙量极高，其泥沙主要源于（　　）

A. 河床　　B. 沟谷　　C. 裸露坡面　　D. 植被覆盖坡面

【思维路径】

该题超出了我们平常的认知：降水多的情况下其侵蚀量大，含沙量应该大！这是一种特殊现象，“事出无常”，需要我们抛弃普遍规律去思考。根据真实情境，进行合理推理和判断，建立如下思维链：

降水量少，但洪峰量大⇨因为本月内前期连续的降水，地表土壤含水量接近饱和，下渗量极小，降水大多转化为地表径流形式汇流形成洪水导致⇨经过前期连续的降水，河床、沟谷及裸露坡面处连续多次接受雨水侵蚀⇨表层泥沙已经侵蚀得差不多了；第 6 次降水时，此区域同样还是要接受侵蚀⇨但因为降水强度小于第 5 次，所以这三个区域接受的侵蚀也会小于第 5 次，泥沙含量多肯定不是来源于这三处⇨有植被覆盖的坡面⇨经过多次的降水 + 地处黄土高原（土质疏松），土壤中的泥沙与水混合在一起变得松软，再经过一次降水后地表径流较大的情况下易产生滑塌现象。

因此，要认识到，植被茂密并非保土作用就强。一般情况下，在了解植被的生态环境效益时，大家都知道植被覆盖率高其保持水土的作用就强。但事不可绝对，任何事物都有一个度，超过了这个度，可能会物极必反。当在土壤中水分含量已经饱和的情况下，此时受植被涵养水源及固土的影响，如果降水再增加一些，特别是遇到连续性降水使土壤水分过饱和的话，土壤会出现类似于“液化”的现象，如在地形坡度较大的坡地上就会出现大量水土流失，甚至整块坍塌、滑坡等现象。

（2017 年全国卷Ⅰ）下图示意我国西北某闭合流域的剖面。该流域气候较干，年均降水量仅为 210 毫米，但湖面年蒸发量可达 2 000 毫米，湖水浅，盐度饱和，水下已形成较厚盐层，据此完成下题。

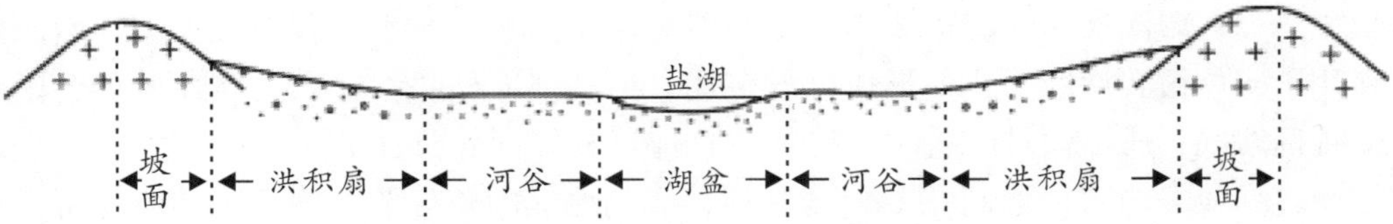

盐湖面积多年稳定，表明该流域的多年平均实际蒸发量（　　）

A. 远大于 2 000 毫米　　B. 约为 2 000 毫米

C. 约为 210 毫米　　D. 远小于 210 毫米

【思维路径】

解题时要注意材料中所给的湖面年蒸发量可达 2 000 毫米，这属于理论蒸发能力，因为如果蒸发量能够达到这么大的话，在年降水量仅为 210 毫米的情况下，湖泊早已干涸，就并不会如题干信息所表述："流域年降水量仅有 210 毫米，而盐湖面积多年稳定"。这其实也就侧面表明了位于我国西北地区的该闭合流域年平均实际蒸发量和降水量均衡，因为如果蒸发量小于降水量的话会导致湖泊面积加大，如果蒸发量大于降水量的话，则湖泊面积会出现萎缩，所以本题选 C。

鄱阳湖地区夏季的风向、降水等受西太平洋副热带高压脊位置变化的影响。鄱阳湖汛期水位上升，湖面辽阔；枯水期水位下降，水流归槽成为赣江，见右图（b）。图中的沙岭沙山（29.5°N 附近）形成于 2 万年前，由松散沙粒组成。沙山临湖一侧发育了一系列垄（脊）槽（谷）相间的地形。读图，完成下题。

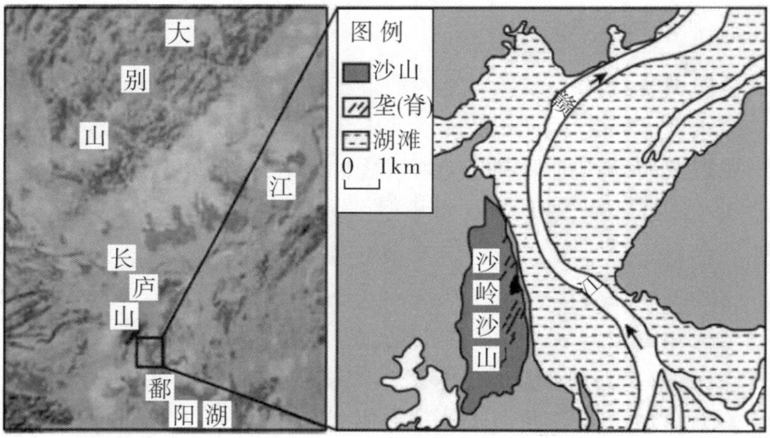

（a）　　　　（b）

沙山及沙山上垄槽相间地形形成的主要外力作用分别是（　　）

A. 风力堆积、流水侵蚀　　　　B. 流水堆积、风力侵蚀

C. 风力堆积、风力侵蚀　　　　D. 流水堆积、流水侵蚀

【思维路径】

沙丘的形成是流水作用还是风力作用?

一般情况下，我们对沙丘的认知是这样的：如果在干旱地区，沙丘一般是风力堆积形成，而在湿润地区河流边侧则大多是因为流水搬运、流水堆积形成。大自然的外力作用很容易被我们所固化，形成思维定式。事实都这样吗？这样的惯性思维会影响我们正确解题，所以面对试题时一定要结合情境具体问题具体分析，就如同农业生产问题中提到最多的"因地制宜"原则一样，解决地理问题也要具体情况具体分析，这是解题时的一个通则。

这里，尤其要注意的是，在解决具体地理问题时，要注意空间尺度与时间尺度，也要考虑事物的普遍性与特殊性、整体性与差异性。

鄱阳湖地处我国南方湿润地区，题中所指沙岭沙山临鄱阳湖与赣江。

【常规思维】

“发育在河边的沙丘大多由流水搬运、流水堆积而成”，所以，这里的沙岭沙山肯定是流水作用形成的。

【逆向思考】

若沙山成因是流水堆积，排除地壳抬升的因素，那洪水期水位应该超过沙山的高度，且湖滩面积应该远不只图中所画范围。但图中显示，不管是丰水期的湖滩，还是枯水期的赣江，均没有直接接触到沙山，没有水将沙山淹没，也没有看到水浸沙山的部分。沙山与湖滩基本没有直接接触，既然流水没有直接接触到沙山，那么沙山与垄槽侵蚀则不可能是流水作用所致。因此，沙山不可能是流水作用形成的。基于以上认识，我们就把思考的重点放在了风力作用上，试题就变简单了。

【本题解析】

我们已经得出沙山成因不是流水堆积而是风力沉积，题干信息还指出，图中沙岭沙山形成时间较早，颗粒松散（不是流水堆积物的特征），再加上枯水期时水流归入赣江，大片湖滩裸露，前一小题又得出当地盛行偏北风，故可推测出沙山应为冬季枯水期时偏北风将裸露湖滩上的沙粒搬运至此堆积而成，而垄槽则为偏北风侵蚀而成，这从其走向也可得到印证。故该题选 C。

【小结】

一些同学对沙丘形成思维模式的固化，认为沙丘一般是在干旱半干旱地区由风力沉积形成的。本题组突破这种常规思维，通过湿润半湿润地区沙的来源、沙山及其沙垄的成因分析，让我们知道湿润半湿润地区在流水与风力的共同作用下，也会形成沙丘。

因此，突破惯有的思维定式，结合试题情境，巧用逆向思维，往往能化难为易，轻松解题。同时，要建立正确的人地协调观和可持续发展理念，在发展经济的同时，也要注重生态效益。

（2018 年全国卷Ⅰ）阅读图文资料，完成下列要求

乌裕尔河原为嫩江的支流。受嫩江西移，泥沙沉积等影响，乌裕尔河下游排水受阻，成为内流河。河水泛滥，最终形成面积相对稳定的扎龙湿地（见右图）。扎龙湿地面积广大，积水较浅。

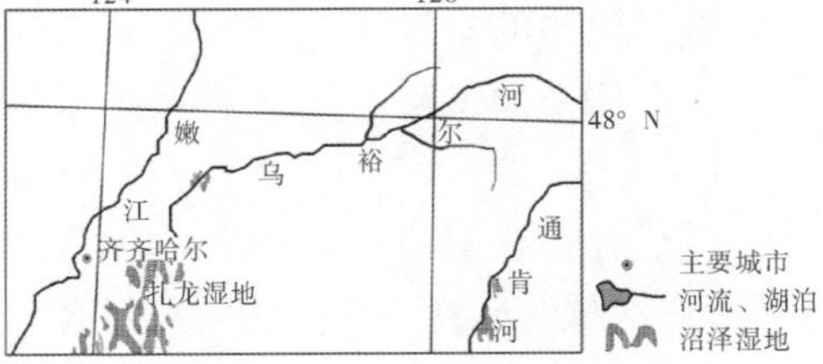

河流排水受阻常形成堰塞湖，乌裕尔河排水受阻却形成沼泽湿地。据此推测扎龙湿地的地貌、气候特点。

什么是逆向思维？

逆向思维就是思考者通常不采用由因及果、由始及终的正向思维定式，而是“反

常规”由结果向原因，由最终向初始进行推导，以达到与正向思维相同的目的。

降水量基本不变，蒸发量逐渐增大。二者的数量关系由降水量大于蒸发量变为降水量等于蒸发量。

这个问题要建立如下思维链：

湿地内水量相对平衡⇨收：径流 + 降水；支：下渗 + 蒸发⇨地下水位高 + 冻土⇨下渗水量较少⇨蒸发量会大于降水量，气候的特点则较为干旱。

（2016·全国2卷）罗讷河发源于瑞士境内的冰川，在法国境内的流域面积占总面积的94%，历史上曾是一条“野性”河流，经常洪水泛滥。19世纪以来，法国对罗讷河进行多次整治，并于1931年成立“国立罗讷河公司”，作为罗讷河综合整治和开发的唯一授权机构。下图示意罗纳河流域的地形（图略）。

说明“恢复弯曲河道及河道分汊”对恢复河流生态的作用。

【思维路径】

河流要不要截弯取直？一般来说在我们的常规思维里：对河流的弯曲河道进行取直，可以减少由于流水不畅而造成的洪涝灾害。但任何事物都具有两面性，我们也可以将思维的触角旋转180°，做一个逆向思考，看看弯道恢复又有什么作用。

【常规思维】

截弯取直是为了增加河水的流速，加快河水的通过速度，缩短流水通过的时间。

【逆向思维】

该题分析的逆向思维如图3－2所示。

图3－2

【思维方向】

恢复河流的自然状态。

如此用逆向思维去考虑，这道题的答案基本上也就出来了。

【总结】

造成存在普遍的认知冲突的原因主要有以下几点。

1. 区域特殊性——非地带性现象极为普遍

当面对真实的地理情境时，我们发现已有的区域认知失效了，发现大量的地理事物的分布、演化并不遵守我们学习的“规律”，“规律”在很多场合是失效的，或者显示并不明显，这种情况下碰到的大多是非地带性的现象。

2. 空间尺度的不匹配——使“规律”失效

我们学习的规律往往是大尺度的空间规律，我们直接接触的真实地理情境，往往是小尺度、微尺度的，所以这种空间尺度的不匹配使规律常常失效。

3. 时间尺度的不匹配——使“规律”失效

我们学习的很多规律是长时间的统计规律，而试题中接触的却只是现在的状况，现在的状况与长期统计特征在很多时候并不一致。

【解决办法】

（1）不限于标签化、浅表化。

（2）将真实情境的多因素进行重新组合和联系。

（3）认识大小时空尺度下地理现象的地域特殊性。

（4）结合试题情境，穷尽材料信息，打破思维定式。

（5）题海战术，加强思考、整理和归纳。

【结束语】

高考是选拔性考试，常以不同寻常的情境设置试题，与平时相比，对解答者的能力素养要求更高，所以一定要冲破固有的思维模式，打破平时的思维定式，冲出惯性思维的牢笼，应用反向思维，逆向思考，推出正确答案。

附：

科目：地理　班级：高三（14）班　授课教师：谢小庭　时间：第9周第7节　2021年4月20日
【课题】 打破地理思维定式——基于高考试题分析
【教学内容分析】 近几年的高考试题中，在情境材料和问题等环节设置认知冲突，以某种地理情境的特殊性为切入点，从不同角度考查学生的综合思维能力，挖掘学生的思维潜力。为社会选拔更具创新思维的人才，近年来关于“认知冲突”的高考试题时常出现，此类高考试题与学生思维固有模式有所相似，学生容易错误迁移和运用原有认知，导致该类型试题错误率较高，因此需要培养学生打破思维定式的能力
【教学对象分析】 高考以基础性、综合性、应用性、创新性为考查要求，着重体现了国家人才强国战略中对未来发展所需的应用型和创新型人才的基本要求。学生在平时的学习中对学科知识的基础性和综合性关注较多，而容易忽略对应用性和创造性能力的培养，分析问题存在套路化、模式化的现象，导致思维固化，习惯套用答题模板，不善于发现问题，缺乏独立思考，逻辑思维能力较差

续上表

【课程目标】 课标要求：高考是选拔性考试，常以不同寻常的情境设置试题，与平时相比，对解答者的能力素养要求更高，所以一定要冲破固有的思维模式，打破平时的思维定式，冲出惯性思维的牢笼，应用反向思维，逆向思考，推出正确答案。 素养目标：近年来，高考试题具有“情境创设鲜活，设问巧妙灵活，测量目标明确”的特点，试题设置突出“联系实际”的风格，其中很多试题要求解题者在分析问题时抛弃传统的固有思维，结合所学知识打破思维定式，以检测答题者的必备知识与综合思维能力，更突出考核考生的学科素养和关键能力
【教学重点】 通过高考题型试题分析，让学生懂得造成自己普遍存在认知冲突的原因，对区域的整体性与差异性、不同时空尺度下的真实情境有一个更明确的认识，避免思维定式，学会运用综合思维分析问题和解决问题
【教学难点】 引导学生善于从图文真实情境材料中提取显性信息，挖掘隐性信息，引导学生积极呈现解题思维过程，让不同层次的学生得以提升分析问题、解决问题的能力
【教学策略设计（教学模式）】 列出专题，针对性研究学科思维。通过呈现近年该方面的高考试题，让学生深刻体会真实情境下的认知冲突，从而逐步提升学生的地理综合思维、逆向思维和逻辑推理能力
【教学用具】 多媒体教学平台

教学过程设计

教学环节和教学内容	教师活动	学生活动	设计意图
（2008·全国1卷）1. 分析G河没有形成明显三角洲的原因	引导学生逆向思考，河口能否形成三角洲跟泥沙来源量和是否容易堆积这两方面有关	通过读图分析，进行综合思考	考查学生区域认知和综合思维能力
（2016·浙江卷）2. 分析戊区域河流泥沙丰富的原因	承接上一小题继续引导学生思考：植被覆盖率高的流域河流泥沙量就一定少吗？	挖掘材料信息综合分析	打破思维定式，培养学科核心素养

续上表

教学环节和教学内容	教师活动	学生活动	设计意图
（2018·全国2卷）5. 第6次降水产生的洪水含沙量极高，其泥沙主要源于植被覆盖坡面	承接：植被覆盖率如何影响洪水含沙量？对超出常规的现象进行逻辑思维推理	面对真实情境，结合认知冲突进行综合分析	培养区域认知和地理实践力
（2018·全国1卷）12. 河流排水受阻常形成堰塞湖，乌裕尔河排水受阻却形成了沼泽湿地。据此推测扎龙湿地的地貌、气候特点	引导学生推测区域条件，认识理论蒸发能力与实际蒸发量的区别	按材料反向推测区域环境，深刻体会地理环境各要素之间的关系	掌握区域整体性，培养综合思维和地理实践力
（2017·全国1卷）6. 盐湖面积多年稳定，表明该流域的多年平均实际蒸发量是多少？	针对上题，继续通过本题组，引导学生对实际蒸发量与理论蒸发量两者进行再认识	运用水平衡原理解释实际现象	培养学生区域认知和学科关键能力
（2013·新课标II卷）15. 分析M处附近沙源较丰富的原因	湿润地区的沙丘并不一定是流水搬运和流水堆积而成，而是要结合区域特征综合思考和分析	沙丘的形成需要水还是需要风？	培养正确的人地协调观，了解我国对生态建设的重视及所取得的成就
（2020·广东省二模）依据材料说明怪石峪蜂窝状洞穴的形成原因	湿润地区也可缺乏淡水资源。干旱区风力强的地区，地貌的形成不一定是风力侵蚀形成的，引导学生具体问题具体分析	分析盐风化的形成过程	避免思维固化，提高对区域差异性的认知
分析新加坡水资源是否丰富？	引导学生思考影响水资源丰歉程度的因素	认识赋存量与需求量的关系	培养正确的人地协调观
（2016·全国2卷）4. 说明“恢复弯曲河道及河道分汊”对恢复河流生态的作用	河道的治理带来的利与弊共存。要综合分析、全面认知	学生再认识：河道要不要截弯取直？	培养地理实践力及正确的人地协调观

续上表

教学环节和教学内容	教师活动	学生活动	设计意图
总结：对思维固化的原因进行剖析，归纳提高分析和解决实际问题能力的具体方法和措施	引导学生分析、归纳	学生总结提升	提升学科素养，提高学生解决问题的能力

【教学反思】

通过情境化问题的创设，学生逐渐学会了依据图文材料获取信息和转化信息的能力，进一步提高了针对实际问题的分析能力。对较复杂的不良结构问题，也能通过小组讨论和交流协作，逐渐克服信心不足，培养解决真问题的关键能力，也使学生逐渐克服了套用答题模板的思维习惯，使思维品质进一步得到提升。

存在的问题：一是教学中过度依赖分小组合作完成教学任务，二是个体独立解决复杂问题的思维能力不足，要继续通过训练来提升学生解题的信心。

校园研学（实践）的设计——以斗门一中为例（节选）

斗门一中坐落在著名风景区“珠江门户第一峰”——黄杨山南麓，占地面积38.2万平方米，位居全市学校面积之首。学校依山傍水，校内有山谷、山脊等典型地形；有河流、湖泊等多种水体；有瀑布、峡谷等微观地貌；有热带、亚热带等丰富植被；有花岗岩、红壤等岩石与土壤；有四合院结构等特色建筑。当我们带着处处留心皆地理的眼光审视斗门一中时，你会发现，斗门一中处处皆地理。

【第一课时】【探究类】

地理位置的判别

一、研学地点

校园及周边。

二、研学重点

（1）掌握地理位置的一般判读方法。

（2）斗门一中地理位置的判定。

（3）学会使用手机地图、指南针等智能工具。

三、研学知识准备

地理位置的分类、方向的判别。地理位置分为经纬度位置、海陆位置、相对位置、半球位置等。

四、研学活动设计

（一）活动工具准备

指南针、手机地图（百度地图、高德地图、奥维地图等均可，建议用奥维地图）、纸笔等。

（二）活动问题设计

（1）打开手机地图或手机指南针，读取斗门一中的经纬度位置。

（2）使用手机地图，测算斗门一中距黄茅海以及鸡啼门的距离，并读出斗门一中的海陆位置。

（3）通过地图或实地考察，读出斗门一中的相对位置。

（4）在学校正门，使用指南针，测出学校正门的朝向。并判断学校正门前公路的走向。

（三）活动记录表设计

表 3－1

记录者：　　　　　　记录时间：

项目	斗门一中	图片记录
经纬度位置		
海陆位置		
相对位置		
半球位置		

（四）活动过程记录

（五）活动心得

【第二课时】【探究类】

校园建筑观测

一、研学地点

校园内，以教学区为主。

二、研学重点

通过研究校园建筑的屋顶、门窗朝向、墙体厚度等，推测其与当地的气候特征的联系。

三、研学知识准备

珠海市地处珠江口西岸，濒临广阔的南海，属亚热带季风气候。终年气温较高，年平均气温约为22.5℃；气候湿润，雨量充沛，年平均降雨量达到2 061.9毫米。珠海每年4—9月盛行东南季风，为雨季，降水量占全年的85%；10月至次年3月盛行东北季风，为旱季。珠海大气的年平均相对湿度是79%。每年初春时节，细雨连绵，空气相对湿度较大，有时可达到100%。

珠海的灾害性天气主要是台风和暴雨，个别年份冬季受寒潮低温影响。台风出现的时间多在6—10月，年平均4次左右。

建筑与气候资源关系密切，如采光、防寒、保暖，通风、防晒等。

四、研学活动设计

（一）活动工具准备

相机、卷尺、指南针、风向风力测速仪、罗盘、量角器、纸笔等。

（二）活动问题设计

（1）观察学校建筑的屋顶类型，量算教学区屋顶的坡度，分析坡度与气候的联系。

（2）测量学校钟楼的高度，写出测量的方法。

（3）测量环湖路上的校庆纪念长廊长度，观察学校类似的风雨长廊有几处？并分析其与气候的联系。

（4）观察男生及女生宿舍门口朝向，分析学校宿舍与气候的联系。

（5）观察博学楼、慎思楼教室门窗的方位，分析其与气候的联系。

（三）活动记录表设计

表 3－2

地点	类型（斜顶屋或平顶屋）	斜顶屋坡度及测量方法	分析斜顶屋与当地气候的联系
教学区			

表 3－3

地点	长度测量	测量方法	分析风雨长廊与气候的联系
校庆纪念长廊			
慎思楼与图书馆之间的风雨长廊			
博学楼、慎思楼与勤政楼之间的廊桥			

表 3－4

地点	宿舍门朝向	建筑结构	从气候的角度分析这种建筑结构的优缺点
男生宿舍（1、2、3 栋）			
女生宿舍（5 栋）			
女生宿舍（6 栋）			

表 3－5

地点	教室门朝向	教室哪一侧窗户采光较好及其原因	结合所学知识，分析两栋楼教室门朝向的优缺点
博学楼			
慎思楼			
……			

（四）活动过程记录

（五）活动心得

【第三课时】【探究类】

人工湖观测

一、研学地点

校园内。

二、研学重点

了解校园人工湖的形成原因，以及湖泊有什么作用。

三、研学知识准备

湖泊可分为构造湖、火山口湖、冰川湖、堰塞湖、喀斯特湖、河成湖、风成湖、海成湖和人工湖（水库）等。

构造湖是在地壳内力作用形成的构造盆地上经储水而形成的。

火山口湖是火山喷火口休眠以后积水而成。

冰川湖是由冰川挖蚀形成的坑洼和冰碛物堵塞冰川槽谷积水而成的湖泊。

堰塞湖是由火山熔岩流、冰碛物或由地震活动使山体岩石崩塌下来等原因引起山崩滑坡体等堵截山谷、河谷或河床后储水而形成的湖泊。

喀斯特湖是由喀斯特作用（岩溶作用）所形成的洼地积水而成的湖泊。

河成湖是由河流摆动和改道而形成的湖泊。

风成湖是沙漠中低于潜水面的丘间洼地，经其四周沙丘渗流汇集而成的湖泊。

海成湖是由于泥沙沉积使得部分海湾与海洋分割而成。

人工湖是人们有计划、有目的挖掘出来的一种湖泊，是非自然环境下产生的，包括景观湖和大型的水库。

四、研学活动设计

（一）活动工具准备

相机、卷尺、指南针、纸笔等。

（二）活动问题设计

（1）读斗门一中等高线地形图（图3－3），在图中画出山脊线及山谷线。

图3－3 斗门一中等高线地形图

（2）读图3－3，结合实地观察，在图中生活区西侧的河流上画出适宜修建水库大坝的地方，并说明理由。

（3）在图3－3中画出学校人工湖的大概位置，并通过实地考察，尝试测算其面积。

（4）你认为，学校人工湖有什么功能？

（5）想一想，学校人工湖还能怎样更好地利用？请你献计献策。

（三）活动过程记录

（四）活动心得

【第四课时】【探究类】

校园河流地貌观测

一、研学地点

校园内。

二、研学重点

了解校园河流地貌的发育过程等。

三、研学知识准备

斗门一中位于黄杨山第二高峰莲花峰南麓，学校位于山麓的两个山谷之间，在教学区有一条季节性河谷，名为思源涧，当降水强度大或者降水时间长时，思源涧就会出现哗哗的流水声。当长时间无降水时，大部分河段几乎断流，只有局部低洼地区会有积水，如高三运动操场西侧河段及地理园东侧河段因地势较低平，常年积水。

四、研学活动设计

（一）活动工具准备

相机、卷尺、指南针、纸笔等。

（二）活动问题设计

（1）选择某次强降水或长时间降水后，观察学校教学区河道的变化，在图 3－3 中画出该河道的示意图。

（2）在慎思楼与教师办公楼之间的双层廊桥上往河道上游方向看，你会发现在河道上有两处天然形成的沙堆（图 3－4），请推测其成因。

图 3－4　河道上的沙堆

图 3－5　思源涧上游

（3）每当暴雨过后，在学校教学区思源涧上游，可以看到水流湍急的河道以及瀑布（图 3－5），当看到此景时，请说出你所能想到河流地貌发育的相关内容。

（4）思源涧下游，可以看到水流平缓的水面，河道上有若干梯级水坝，试分析梯级水坝的作用。

（三）活动过程记录

（四）活动心得

【第五课时】【探究类】

月相观测

一、研学地点

校园内为主。

二、研学重点

通过观测、记录月相，掌握月相的成因，进而了解日、月、地三种天体的相关知识。

三、研学知识准备

当地球位于月球和太阳之间时，我们可以看到整个被太阳直射的月球部分，这就是满月。当月球位于地球和太阳之间时，我们只能看到月球不被太阳照射的部分，这就是朔月；而当首度再见到月球明亮的部分时，称为“新月”。当地月连线和日地连线正好成直角时，我们可以看到月球被太阳直射的部分的一半，这就是上弦月。

月相的更替周期是 29.53 天，称为一个朔望月，它是历法中历月和星期的来源。这个时间比月球公转的时间（恒星月）要长，因为当月球绕地球公转时，地球也在绕太阳公转，一个朔望月月球大约要绕（360 + 360 * 29.53/365.24）= 389.11 度（公转只绕 360 度）。所以一恒星月大约为 29.53 * 360/389.11 = 27.32 天。

月相变化的顺序是：新月—蛾眉月—上弦月—盈凸—满月—亏凸—下弦月—残月—新月，月相变化是周期性的，其周期大约是一个月。

简易月亮的高度角估算方法：水平伸直一只手臂为 0°基准面，握拳，其上叠放另一只手的拳头，一只拳头的高度角为 10°。保持手臂稳定不动，依次将下面的手抽出叠放在上面，直到视线、拳头和月亮三者重合，据此估算月球的高度角。

四、研学活动设计

（一）活动工具准备

相机、指南针、纸笔等。

（二）活动问题预设

（1）在校园内观测上半月月相，其观测点在什么地方比较合适？

（2）在校园内观测月相可能出现的有利条件以及不利条件有哪些？

（3）通过月相观测，画出月相图，总结月亮位置的逐日变化以及月亮形状的逐日变化。

（三）活动步骤

（1）傍晚日落后，天空出现月牙的时候，在观测表上记下观测的日期、月亮的位置和形状，并标注观测时刻。完成表3－6。

表3－6　月相观测记录表

日期			观测项目		
公历	农历	观测时刻	月亮水平方位	月亮高度角	月亮形状

（2）接下来的两周内，每天在同一时刻进行观测并记录。

（3）描绘观测期间同一时刻月亮在天空的位置和形状变化。

（四）活动过程记录（有图有真相）

（五）活动心得

【第六课时】【调查类】

校园植被调查

一、调查地点

校园内。

二、调查重点

结合当地气候，了解学校的植被类型，并分析植被生长与气候资源的联系。

三、调查活动设计

（一）活动工具准备

相机、卷尺、指南针、纸笔等。

（二）活动问题设计。

（1）观察学校主校道、教学区思源涧下游河道两侧种植的树种。查阅资料，获取其植被特征，并分析其与气候资源的联系。完成表3－7。

表3－7

地点	植被名称	植被特征	与气候资源的联系
环湖路			
桃园路			
桂园路			
憧憬路			
思源涧下游河道两侧			

（2）观察学校山坡上种植的乔木、灌木、草本植被主要有哪些？完成表3－8。

表3－8

植被类型	名称1	名称2	名称3	名称4
主要乔木				
主要灌木				
主要草本				

（3）观察凤凰木、木棉、异木棉、紫荆等开花的季节，并在学校地图上标出这些植被种植的位置。完成表3－9。

表3－9

植被品种	分布地点	开花季节	花语	其他
凤凰木				
木棉				
异木棉				
紫荆				
……				

（三）活动过程记录

（四）活动心得

【第七课时】【调查类】

学校乡土树种与引进树种调查

一、调查地点

校园内。

二、调查重点

区分校园绿化树的树种来源。

三、调查活动设计

（一）活动工具准备

相机、卷尺、指南针、纸笔等。

（二）活动问题设计

（1）实地观察并记录。

选取学校的主要道路，以小组为单位开展城市绿化树种调查，对每株树木进行编号。完成表3－10。

表3－10

编号	树种名称	生长状况	栽种地点
①			
②			
……			

（2）室内整理。

①对于不能识别的树种，通过查阅相关资料、网络或咨询他人等途径解决。

②统计各类树种的植株数量，并按数量由多到少排序。

③查阅当地的气候、土壤条件。

④明确查阅或调查到的树种属于乡土树种还是引进树种。

（3）探究分析：乡土树种和引进树种的生长状况，说明其原因并为城市绿化提出合理化的建议。

【第八课时】【探究类】

校园垃圾分类调查

一、调查地点

校园内。

二、调查重点

校园垃圾分类实施状况。

三、知识准备

（一）垃圾分类的原因

1. 垃圾处理的现状

我国人口众多，是垃圾产生大国，根据住建部发布的城市垃圾统计数据，每年，我国城市垃圾产生量已经大于 2 亿吨，还有 1 500 多个县城产生了接近亿吨的垃圾。2020 年，珠海市固体废物产生总量为 412.463 万吨，其中一般工业固体废物 284.743 万吨，危险废物 23.92 万吨，生活垃圾 103.5 万吨，医疗废物 0.3 万吨。垃圾填埋的费用也是非常高昂的，处理一吨垃圾的费用约为 200 ~ 300 元人民币。人们大量消耗资源，大规模生产，大量消费，又大量产生着废弃物。

2. 垃圾对自然地理环境的影响

（1）侵占地表。垃圾挤占了土地资源和生存空间，影响了工农业生产和人们生活。垃圾破坏地球植被，影响了自然环境的美观，破坏了大自然生态平衡。

（2）污染土壤和水体。垃圾渗出液改变土壤成分和结构，有毒垃圾会通过食物链影响人体健康。垃圾破坏了土壤的结构和理化性质，使土壤保肥、保水能力大大下降。

（3）污染大气。细小固体废物随风飘扬，加重大气污染。大量垃圾露天放置，产生大量有害气体，仅有机挥发性气体就多达上百种，其中含许多致癌致畸物。

（4）传播疾病。垃圾含有大量微生物，是病菌、病毒、害虫等的滋生地和繁殖地，严重危害人体健康。

（5）存在火灾隐患。垃圾中含有大量可燃物，在天然堆放过程中会产生甲烷等可燃气体，遇明火或自燃易引起火灾、垃圾爆炸等事故，造成重大损失。

（二）垃圾分类的种类

我国生活垃圾的分类主要有以下几种。

（1）可回收垃圾：指可以再生循环的垃圾，如废纸、塑料、玻璃、金属物、布料等五大类。

（2）厨余垃圾：居民日常生活及食品加工、饮食服务、单位供餐等活动中产生的垃圾，包括剩菜剩饭、骨头、菜根菜叶、果皮等食品类废物。

（3）有害垃圾：含有对人体健康有害的重金属、有毒的物质或者对环境造成现实危害或者潜在危害的废弃物，如废油漆桶、废灯管、废电池、过期药品、废墨盒、杀虫剂等。

（4）其他垃圾：包括除上述几类垃圾之外的砖瓦陶瓷、渣土、卫生间废纸、纸巾等难以回收的废弃物，通常根据垃圾特性采取焚烧或者填埋的方式处理。

（三）垃圾分类的处理

1. 垃圾的处理流程及方式

（1）回收利用。经过彻底分选的垃圾有 20% ~ 30% 可回收利用，能够有效地将垃圾循环利用。

（2）焚烧处理。①垃圾焚烧产生的热量能够用于供热或发电；②焚烧后可使垃圾减少 80% ~90%；③焚烧后其有害成分完全分解，并能彻底杀死病原微生物。

（3）卫生填埋。指采用防渗、铺平、压实、覆盖的方式对垃圾进行处理，同时对渗滤液、蚊蝇等问题进行治理的垃圾处理方法，与普通的填埋不同。

（4）生物处理。利用微生物发酵制成肥料、饲料、沼气等资源化的垃圾处理方法。

2. 珠海市垃圾处理终端案例介绍

截至 2022 年 1 月，珠海全市 1 181 家公共机构生活垃圾分类全覆盖，全市城区 1 397 个居民区完成楼层撤桶、分类设施设置、宣传发动等工作，设置分类投放点 4 380 个，其中配套遮雨棚、洗手盆、照明等便民设施的投放点达 2 900 多个。

（1）示范建设方面，横琴粤澳深度合作区打造了居民区、文教区、办公区、餐饮机构等 8 大产生源全链条全体系生活垃圾分类先行示范区。香洲区建成 6 个生活垃圾分类示范街道，其余 4 个镇（街）基本实现生活垃圾分类全覆盖；金湾区、斗门区基本建成 5 个示范镇（街），其中斗门区莲洲镇建成农村生活垃圾分类示范镇；鹤洲新区（筹备组）基本建成保税区示范片区和 3 个海岛垃圾分类示范镇，高新区基本建成生活垃圾分类示范区。

（2）垃圾分类处理体系正在加快完善。目前，其他垃圾全部运至珠海市环保生物质热电工程一、二期项目焚烧处理，实现“全焚烧、零填埋”；厨余垃圾全面推行“驳运 + 直运”收运模式，建设了“集中处理为主，小型处理为辅”的厨余垃圾处理体系；全市共建成 10 座可回收物分拣中心，生活垃圾可回收利用率达 30%；按照危险废物贮存标准建成有害垃圾集中暂存点 7 个，依托本市危险废物处置企业建成有害垃圾闭环处理体系。

3. 其他国家垃圾处理经验

（1）瑞典：高科技打造垃圾“下水道”。

瑞典很多小区内一些看似邮筒的装置，便是垃圾的入口。居民刷卡支付后，便能打开箱门，将垃圾放入其中。桶内设有自动感应装置，一旦装满，阀门自动开启，垃圾应声而下，在强劲风力的推动下，顺着管道，以每小时 70 千米的速度，奔向中央收集站的大箱子里。小区附近设有垃圾中央收集站，从中延伸出来的各个管道，穿墙而过、进入地里，连接着社区不同种类的垃圾桶。这些管道直接连接各家各户的厨房，家庭厨房里安装一个食物粉碎机，吃剩的食物被粉碎后，进入管道展开地下之旅。这样操作干净、卫生，还节约了大量的人力及运输成本，解决了定时定点投放的难题，也避免了垃圾箱满后的满地狼藉和恶臭萦绕。

（2）日本：分类精细，回收及时，管理到位，措施得当，废物利用，节能环保。

日本对垃圾的大分类有可燃物、不可燃物、资源类、粗大类、有害类，这几类再细分为若干子项目，每个子项目又可分为孙项目，以此类推。近些年横滨市把垃圾类别由原来的五类更细分为十类，并给每个市民发了长达 27 页的手册，其条款有 518 项之多。例如，口红属可燃物，但用完的口红管属小金属物；水壶属金属物，但 12 英寸以下属小金属物，12 英寸以上则属大废弃物；袜子，若为一只属可燃物，若为两只并且“没被穿破、左右脚搭配”则属旧衣料；领带也属旧衣料，但前提是“洗过、晾干”。在回收方面，有的社区摆放着一排分类垃圾箱，有的没有垃圾箱而是规定在每周特定时间把特定垃圾袋放在特定地点，由专人及时拉走。如在东京都港区，每周三、六上午收可燃垃圾，周一上午收不可燃垃圾，周二上午收资源垃圾。很多社区规定早8点之前扔垃圾，有的则放宽到中午，但都是当天就拉走，不至于污染环境或引来害虫和乌鸦。

外国人到日本后，要到居住地政府进行登记，这时往往就会领到当地有关扔垃圾的规定。当你入住出租房时，房东也许在交付钥匙的同时就一并交予扔垃圾规定。有的行政区年底会给居民送上来年的日历，上面一些日期上标有黄、绿、蓝等颜色，下方说明每一颜色代表哪天可以扔何种垃圾。在一些公共场所，也往往会看到一排垃圾箱，分别写着：纸杯、可燃物、塑料类，每个垃圾箱上还写有日文、英文、中文和韩文。

分类垃圾被专人回收后，报纸被送到造纸厂，用以生产再生纸，很多日本人以名片上印有“使用再生纸”为荣；饮料容器被分别送到相关工厂，成为再生资源；废弃电器被送到专门公司分解处理；可燃垃圾燃烧后可作为肥料；不可燃垃圾经过压缩无毒化处理后可作为填海造田的原料。日本商品的包装盒上就已注明了其属于哪类垃圾，牛奶盒上甚至还有这样的提示：要洗净、拆开、晾干、折叠以后再扔。

四、调查活动设计

（一）活动工具准备

相机，设计调查问卷等。

（二）活动问题设计

（1）校园垃圾主要分哪几类？

（2）目前学生对垃圾分类的意识如何？

（3）如何可以更好地在校园内开展垃圾分类活动？

（4）校园垃圾中，可回收利用的类型有哪些？哪些适合学生自行回收？

（5）设计一个校园垃圾分类宣传板报。

（三）活动过程记录

（四）活动心得

笔者注：

《普通高中课程标准》（2017 年版 2020 年修订）“课程设置”中指出：校本课程不少于 14 学分，其中在必修和选择性必修基础上设计的学科拓展、提高类课程之外的课程不少于 8 学分。

学校在新一轮的课改阶段中，在课程体系建设、落实新课程方案方面以问题为导向，以目标为引导，以研促教，通过课题研究来激发教师的科研动力，拓展教师的专业认识，使教师形成问题意识，不断从日常教学中发现问题、研究问题到设法解决问题。实践证明，在这个过程中，教师的专业能力与水平也得到改善与提高。

斗门一中有着悠久的办学历史，在上一轮课改中积累了不少开发校本课程的经验。结合地方历史、文化、经济等方面，编写了《珠海历史与人文》《斗门生物》《斗门文化》《美丽化学》等校本教材。

图 3 – 6　笔者在指导学生进行校园户外实践活动

其中，地理校本课程开发就是一个成功的案例：斗门一中位于有着“珠江门户第一峰”美誉的黄杨山麓，秀丽迷人的黄杨山与师生们日夜相伴，一山一石，一草一木仿如一本巨厚的地理科普书，引起了师生们强烈的“探究”欲望，于是师生们就以此作为研究性学习的对象，对黄杨山进行了大量的实地调查探究（如图 3 – 6），跋山涉水，边走边看，边记边思，完成了地理研究性学习成果——《黄杨山自然地理考察报告》，荣获了珠海市学习成果第一名、广东省一等奖，案例还被编入了广东省高中必修教材《社会实践活动（研究性学习）》，教学案例“校园中的地理知识”获广东省教学设计大赛一等奖。学校袁廉兴老师主编了校本教材《黄杨山地理》，从位置、地貌、地质、土壤、植被、水文、旅游资源和环境问题等方面对黄杨山的地理课程资源进行了挖掘和介绍。

相比之下本轮课改更加重视校本课程的建设与发展。经过诊断，学校决定改变思路，在开足开齐开好国家课程的基础上，通过评估学生需求，以学生的内在需要为起点来开设校本课程，以最大限度地满足学生多元化的发展需求。本轮课改，地理科组又编写了《地理校园研学（实践）指导手册》，内容涉及探究类、调查类和实验类三个方面，更侧重增强地理实践力，同时提升区域认知、综合思维和人地协调观等地理学科核心素养。并力求在实践过程中，激发科学兴趣、学到科学知识、培养科学精神、优化科学思维、形成科学素养，比上一轮课改更强调在实践中生成和运用科学知识。

2022 年上半年笔者参加了校本课程的教学（如图 3－7）。在新一轮的课改阶段中，学校在课程体系建设、落实新课程方案方面以问题为导向，以目标为引导，以研促教，通过课题研究来激发教师的科研动力，拓展教师的专业认识，使教师形成问题意识，不断从日常教学中发现问题、研究问题到设法解决问题。实践证明，在这个过程中，教师的专业能力与水平也得到改善与提高。

图 3－7　笔者组织学生进行校本课程学习

2022 年 4 月 8 日，广东省教育研究院为推进落实《广东省教育厅关于建立健全新时代基础教育教研体系的实施意见》，打造高素质专业化创新型教研队伍，提高教研水平，决定开展“南方教研大讲堂”。鉴于斗门一中扎实推进特色课程建设，取得良好成效，故邀请笔者作为圆桌讨论专家，参加了本次“南方教研大讲堂（第 34 场）”的交流。

广东省教育研究院项目组和珠海市教育局项目组撰写的《普通高中教育质量监测结果运用案例分析》在《广东教育》（2022 年）发表，其中收录了笔者编写的“珠海市斗门区第一中学——学校校本课程体系建设改进”案例。

让"客都"的旅游更有客味
——基于地理实践力的社会调查活动设计

一、研究背景

《课标》将地理实践力作为地理学科四大核心素养之一，充分肯定了地理实践在中学地理课程中的地位和作用。围绕地理实践力培养这一育人目标，新课标提出了"加强地理实践"的教学实施建议，强调通过考察、实验和调查等地理实践活动，让学生走进真实、客观的自然社会大课堂，运用所学知识和地理工具获取地理信息，策划实施实践活动，探索和尝试解决实际问题，理解地理环境，透视人地关系，在与自然和社会的互动中培养行动能力和意志品质。

《课标》指出：设计社会调查活动，选题要注重贴近社会、生活，方案要引导学生通过独立思考、合作交流完成，实施过程要有切实的行动、体验，并通过观察进行过程性评价，活动结束后，要有撰写与交流调查报告的结果性评价。

二、问题的提出

客家人，属于我国汉族八大民系中的一支，这一民系个性鲜明、分布面广，对中国甚至世界华人史都有深远的影响。客家人有着独特的语言、文化、民俗和生活方式，也包括客家特有的、富有浓郁艺术风格的建筑形式等。广东梅州是世界"客都"，在日益迅捷的现代生活节奏下，我们常常感受到与自然环境的疏离和文化传统的迷失，如何保持"客都"的魅力，才能让"客都"的旅游业发展得更好？珠海外地迁来的学生较多，其中不乏对客家文化和客家旅游有浓厚兴趣的学生，基于此，我们选取了以客家旅游发展为主题的研究课题。

三、研究目的

我们希望借此次研究活动了解和弘扬客家文化，激发同学们思考、了解客家文化的兴趣，增加同学们热爱祖国大好山河的意识，在丰富课余生活之余，增强学生的参与意识，提高学生团结合作和探求知识的能力，并加强师生之间和同学之间的交流。接下来让我们将课本中学到的知识活用到实践研究之中，思考客都旅游业的发展方向。

四、研究的方法与过程

我们研究的主要方法和过程如下。

（1）收集资料：通过网上、图书馆等各种途径查阅和收集相关客家文化的资料及图片。

（2）采访和走访实践：访问学校中的一些客家民系的同学或利用寒暑假回乡访谈长辈，听取他们对客家文化和“客都”旅游业发展方面的介绍和看法。

五、研究结果

“客相逢你是客我是客你我都是客，家团圆东一家西一家大家是一家”。梅州市外特别是珠江三角洲的人来到没有名山大川的“世界客都”游玩，大都冲着客家独特的民俗风情而来，图的就是“休闲到梅州，享受慢生活”。近几年来，梅州高度重视旅游产业规划，不断加大投入，以“文化梅州”为总体形象的旅游业得到飞跃发展。在原有雁南飞、雁鸣湖、灵光寺、人境庐等旅游景点的基础上，完善并开放了叶剑英纪念园，大手笔开发了客天下旅游产业园，旅游设施日臻完善，梅城通往雁洋各景区的旅游景观大道成为一道亮丽的风景线。随着东山教育基地、中国客家博物馆、归读公园的相继建立，以“客文化”为主题的旅游产业规模已初露端倪。

旅游，就是离开常住地，到异地寻找精神愉悦的短暂的经济活动。如何才能让游人在一个地方放慢脚步、放松心情和放飞梦想，从而获得精神愉悦？笔者以为，只有让“世界客都”的旅游业凸显“客味”，才能使游客获得更多精神层面的满足。因此，政府如何加大宣传力度、旅行社如何合理设计旅游路线、导游如何引导游客的文化视角，便成了关键之所在。

（一）要让游人从客家文化的视角了解梅州

客家文化朝圣的顶级圣殿——梅州中国客家博物馆，是国内规模最大的客家民系文化主题浏览地，也是国内唯一收藏、研究、展示、传承客家文化的专题博物馆，同时还是让游客能最快捷、最全面了解客家文化之乡的去处，但有些导游往往并没有意识到这一点，从而使游客错失良机。譬如，以某同学的旅游体验为例，导游安排游客了解教育文化，先安排到人境庐参观，如果花的时间太多，等大家出来去参观客家博物馆主馆后，就来不及参观附馆了。还有，本来东山教育基地和亲水公园就近在咫尺，如果能顺便推介，就能让游客领略梅州人“崇文重教、冠于岭南”的风韵。但旅行社在路线设计时却没有做出安排，连简单绕一圈都没有，着实让人遗憾！

作为集客家文化、观光、娱乐、休闲、房产于一体的“客天下”，景区内的客家祠、客家母亲雕像、客家赋和墟日图壁画等无不充满着丰富的客家文化内涵，是整个旅游产业园的灵魂和精华所在，应该成为游客的必到之处。但导游似乎忽略了这一点，往往都是热衷于推荐游客坐观光火车到号称“亚洲最大的百花园”里转圈；而观光火车上机声噪音太大，解说声音又太小，中间停下来驻足观赏的次数少、时间短，总让游客觉得意犹未尽！

在游览梅州城区的一河两岸时，也要好好设计线路；如何才能让游人在短时间迅速全方位了解这座美丽山城，很值得相关部门好好研究和推敲。

（二）要在服务中凸显“热情好客”的客家精神

客家人特别“客气”，这已经成为客家人的标志。雁南飞作为客家文化与茶文化结合得较早和较好的旅游地之一，重点打造“以茶结缘、以茶会友、以茶传情”的“礼”文化，实现了“旅游与农业并重，经济与文化齐飞”的目标。因此，雁南飞自然是值得大家带朋友们必游的景区。要想在有限的时间内全面综合了解偌大的雁南飞，如果导游只就买个门票把客人送进去而不做详细的导览，这样就不够“客气”了。

雁南飞的成功，一没有靠“老天爷”，二没有靠“老祖宗”，完全靠老板精心打造，融客家文化、茶文化、饮食文化和格言文化于一体，把景区的一草一木一石都做到了极致——站在任何一个位置都是最佳拍摄点！但遗憾的是，一般导游对雁南飞客家文化和格言文化的推介力度不够。该景区的反围龙结构的围龙大酒店，获得了中国建筑最高奖——鲁班奖，红色的建筑物和挂在屋檐下的灯笼，在青山绿水中形成强烈的反差，实在是美轮美奂；众多有趣且富有哲理的格言，很能拨动游客的心弦，它需要游客用心去感悟，也需要导游引领和解读。

（三）要让饮食和旅游商品更具客家特色

既然是到“客都”来旅游，就要使旅游的六要素都做出浓郁的客味来。如，让游客喝上地道的客家酿酒，吃上丙村大三丸、酿豆腐、梅菜扣肉、各式米粄（bǎn）等。作为“中国最美小城”大埔的小食更丰富、品种更多、更有特色；在侨乡村、桥溪村这些古村落，农家菜显得更生态、更保健。这些都可以相互学习和相互借鉴以使当地客家特色更加浓郁。

游客到了一个旅游地后，一般都会捎些“伴手礼”回去，或是留个纪念，或是赠送亲朋，如泰山有石敢当、肇庆有端砚，等等。现在客家地区也已经有了“客家三宝”：“风生水起”的客家风车、“时来运转”的客家磨以及客家围屋模型等，但目前市场投放量还很有限，也没有形成产业链。今后除了要设计出精美的带有浓郁客家特色的系列旅游商品外，还要考虑在梅城（包括梅县新县城）构建真正的游憩商业区，打造客家美食风情街和旅游商品专业街，成为外地游客的休闲驿站和本地市民享受慢生活的乐园。

六、研究体会

“客都”独特的客家文化让人充满向往，旅游产业的发展能带动一个区域的经济发展，如何与客家文化结合起来，把产业做得更有前瞻性，改变各区域的雷同，且充满“客味”，增添“慢城”特有魅力，我们边看边思、边思边议，收获良多，拓展了视野和眼界，也提升了地理学科素养。

第二部分　教学实施

“活动—探索”教学模式在实施地理新课程中的应用

基于《普通高中地理课程标准（实验）》（以下简称《地理新课标》）的要求，如何利用课本教材资源、校外社会资源以及校园教学资源，如地理教学设备、地理园、天文馆、现代信息网络等开展教学活动，培养学生探究问题的兴趣和能力？通过实践研究、论证，“活动—探索”教学模式在地理教学中具有实用性强的特点，可操作、效果好，能在实施新课程的教学中普遍推广应用。

一、关于“活动—探索”教学模式的含义、指导思想及教法

1. 含义

教学过程是教师、学生、教学内容相互作用的一个系统，“活动—探索”教学模式是教师组织学生通过实践活动来学习和探索，通过活动和探索最终获得概念和结论。

2. 指导思想

教育家布鲁纳认为，教学不应是“奉送真理”，而应该是“教人发现真理”，“活动—探索”教学模式就是教人通过实践活动去发现真理，活动—探索教学还较容易引起学生兴趣，激发学生的求知需要，从而产生学习动机。通过实践活动进行学习，学生所获得的知识不再是空洞、抽象的，而是具体生动的、丰富的。与此同时，学生的观察能力、动手能力、创造思维能力也能得到培养和充分发展，从而使学生总体素质

得到提高。这也是实施新课标的一种尝试。

3. 教法

“活动—探索”模式的教法是以活动为基础，以学生发展为本，在活动过程中让学生发现，在教学过程中师生互动，促使学生积极探索，以培养学生实践能力和创新精神。教师不是知识的灌输者，而是学生认识、探索客观事物的指导者。

二、“活动—探索”教学模式的应用背景

《地理新课标》更加突出地理教学对技能、能力培养的关注，通过地理学习过程，逐步培养学生对地理环境和地理图像的观察能力，通过形象思维和抽象思维对地理图像和地理事物加以认识、理解和想象的能力，运用地理科学思想发现问题和解决问题的能力，以及与他人合作开展地理考察和社区地理调查的能力等。

在实施新课标中，“活动—探索”教学模式能顺应实现新课程背景下教师的角色转变：从教师与学生的关系看，教师成为学生学习的促进者；从教学与研究的关系看，教师成为教育教学的研究者；从教学与课程的关系看，教师成为课程的建设者和开发者；从学校与社区的关系看，教师成为开放型的社区教育者。因此，把“活动—探索”教学模式应用到中学地理教学中，既符合《地理新课标》的要求，也利于新一轮课改的深入，真正实现转轨的需要。

三、“活动—探索”教学模式应用中应注意的几个问题

1. 实施“活动—探索”教学模式，教师的观念必须先加以转变

教学不再是为了“应试”，不再只为一个好分数，而是为了让学生产生学习兴趣，产生内部动力，培养素质，提高能力；教师不再是教学的中心，学生才是主体；教师的作用不能局限于教，而应放眼于引导：引导学生在活动中学，引导学生转变观念——变被动为主动；将教师视为进行活动、探索的指导者。

学生们都有非常丰富的想象和创造潜能，通过互相的思维冲击，可以把创造潜能激发出来。教师引导学生分析获得的信息，进行讨论、归纳、完善，有时可能需要重复实践—探索过程，甚至多次，这时就要不失时机地培养学生的逻辑推理能力和严谨的科学态度。

2. 必须十分重视教学情境的创设和实践内容的安排

现代研究发现，人类近 80% 的信息是靠视觉获得。因此，应尽量创设视觉情境，如实地（环境基地、测量现场、社区等）、录像、图片是很好的选择。选择良好的情境能打破学生固有的思维定式，激发学生的求知欲。此外，应尽量增加学生动手实践的内容，动手实践有利于学生产生学习兴趣，并学会学习。

3. 实施“活动—探索”教学模式时应注意采用“发现法”

传统的教学方法是教师把一大堆由专家们归纳总结的现成概念、结论灌输给学生，

这很难引起学生的兴趣和学习的积极性，也很难激励学生活跃的思维和提出新问题。因此，我们尝试了用“发现法”，让学生到环境中去发现事物、观察现象、寻找规律。比如在上“城市环境问题”这一内容时，首先让学生观察了解对象、目标（如居民区、交通干道等处的烟、尘、固废、噪音等）。然后让学生几人一组定好范围带上地图、纸、笔到社区中去观察、发现、记录，当他们带着平时可能未注意的发现回到教室时，他们会因这些发现而十分兴奋。然而这些发现量大而乱，于是需要我们指导他们展开讨论，把这些发现进行归类、概括；并让小组代表上台叙述，最后就能分门别类地把环境现状描述出来了。经过一段时间这样的学习，经测试，他们的知识掌握较好，而且因为这些知识是他们亲身参与后而获得的，故不易忘却，且能灵活运用。说明“发现法”有利于激发学生的学习兴趣，提高学生的学习积极性及知识的掌握运用度。

4．实施“活动—探索”教学模式应注意让师生互动

在“活动—探索”教学过程中，还应让学生与教师、学生与学生、学生与教学媒体交互进行活动，以利于学生积极参与。通过信息互递，思维得到激活，从而提高学生学习的主观能动性，使学生的学习兴趣及创造力得到充分的发展。为让“互动”能动起来，教师除了事先要准备好“情境”——如图片、录像、道具以及相关的各种数据、问题外，还必须采取一些相应的策略。

（1）教学民主。要让师生互动，教学民主是十分必要的，教师除了要让学生充分发表意见，并接受学生的正确意见外，还应注意“观点开放”——除一些大是大非的原则问题外，教师不要轻易否定学生的解释和观点，即使有些错误也不要直接否定，可以引用他的错误推导出显见的大谬大误，让学生自己理解错误所在，而不阻断学生的“言路”。

（2）人格平等和师生互爱。“真理面前人人平等”这是反映良好科学态度的格言。要“互动教学”，师与生应处于同等地位，教师要对学生“三尊重”——尊重学生在教学中的主体地位；尊重学生的自尊心；尊重学生的个性特点，并且尽量使师生间情感交融，以利营造一个良好的有利于“互动”的氛围。例如，我们在环境意识教育中引用了“角色扮演”方式进行讨论，让多名学生扮演某一环境问题如“一次性筷子问题”中由于利益得失不同而持不同观点的社会角色，其他学生则是不同角色的“后援团”。当有些角色无人愿扮时，教师就可“信手拈来”，这样，师生平等，大家都无拘无束，辩论非常剧烈，论点和论据也随之不断延伸、深化，其结果是师生都受到了一次生动的教育。

5．在实施“活动—探索”教学模式中促进学生探索与思考能力

教师有意识地创设情境，引导学生考察、观察，启发学生联系身边所见所闻，寻找课题，培养他们的观察力。课题确立后，还要设计实施方案，教师应根据可行性、科学性、新颖性和实用性原则指导学生来进行设想、构思和完善实施方案。课题和方案可以运用思维冲击法让学生在明确目的、原则的基础上进行讨论，自由发挥想象，无顾忌地发表意见、想法，而教师只起指导、归纳、协助、评价的作用。

四、“活动—探索”教学模式在新课程中的应用初探

以笔者所教的珠海市斗门区第一中学2004届学生中选拔出各层次学生约50名作为研究对象，根据《地理新课标》的教学内容和要求，为这些学生设计有别于其他学生的教学内容，例如学习必修一中《常见的天气系统》内容时，我们不在课堂上讲授知识，而是设计一份“本地气候类型、特征以及天气变化、影响等情况”的调查表，并把学生带到斗门区气象局进行访问调查，然后要求他们对调查结果进行讨论、归纳、整理，教师对他们的结果进行纠正和评价，这样学生不仅能掌握有关“气候和天气”的知识，而且能够联系实际。教师把这些学生的活动—探究过程和结果评价作为研究素材，分析他们与其他学生在学习上形成的差异，可以发现，这一章节的知识内容他们比其他学生要掌握得牢固得多。

2003—2004学年，珠海市斗门区第一中学开展研究性学习，为了认识黄杨山的“真面貌”，教师带领学生深入黄杨山进行了大量的实地调查研究，跋山涉水，边走边看，边走边想，一路艰辛，不言累，不叫苦，几经风雨不退缩不放弃。考证过程中，师生一起查经据典，敢争敢辨，敢想敢思——终于解读了黄杨山！形成的成果《黄杨山自然地理报告》获2003年广东省二等奖，并编入广东省人民教育出版社出版的《普通高中课程实验教科书综合实践活动（必修）研究性学习》。在整个过程中，教师是指导者，学生是探究的主体，对黄杨山的地质、地貌、植被、土壤等一一做了分析。

2005年3月，人民教育出版社到珠海市斗门区第一中学拍录了笔者的全国优秀课例，该节录像课被收入《普通高中课程标准实验教科书地理培训资料包》并出版发行，同时在珠海市地理新课程培训会上向全市做经验推广。该课充分挖掘了学校优越的教学资源，利用了巍巍黄杨山这本巨厚的地理教材，大胆地打破传统的“课室”授课模式，让学生走出课室，带着强烈的“探究”欲望去探究黄杨山自然地理，通过对身边的地貌、地形、水文等形态的感知、认识，学生在活动中观察，在观察中探究，在探究中讨论，在讨论中感悟，从而建构新的知识。

笔者还对常规课堂教学课中进行了“活动—探索”教学模式的摸索，如“地球的运动”一课，通过引导学生完成小实验、小设计，攻克难点，在实验中掌握了抽象的宇宙空间知识，2005年12月，笔者的珠海市优质课“地球的运动”获市特等奖。又如，学校邝彩霞老师的“城市化对地理环境的影响”采用该教学模式，也获得了市一等奖。2005年9月，珠海市斗门区第一中学主持的广东省地理科研课题《中学地理“活动—探索”教学方式的实践研究》正式立项。

地理教师应不断反思自己的问题所在，尽快地找到解决问题的方法，应用“活动—探索”教学模式把学生聪明的资源挖掘出来，养成资源搜索和积累的习惯，不断积累个性化的资源。这一点，在实施新课标中显得尤为重要。

（注：本文原发表于《珠海教育》，2006年8月，稍有改动）

附：

人民教育出版社录制的全国优秀课例典型案例

——第四章第一节“营造地表形态的力量”教学设计

（此课例由人民教育电子音像出版社拍录及出版发行，2005 年 3 月，
授课教师：谢小庭）

【教学内容】

地理必修一第四章第一节“营造地表形态的力量”第二课时内容：“外力作用”与“岩石圈的物质循环”。

【适用年级】

高一学生，在学习过第四章第一节“营造地表形态的力量”第一课时内容“内力作用”之后，利用丰富的校园地理资源，把课堂设在户外。分组进行考察、讨论和总结。

【活动目的】

（1）使学生通过实地的考察和分析，透彻理解外力作用的四种形式并切实感受外力作用对校园地表形态的影响。

（2）通过本次活动，使学生掌握课外考察的一般方法。

（3）在活动中，培养学生严谨求实的科学态度，激发学生学习地理知识的求知欲望和兴趣。

【准备工作】

1. 知识准备

在课上介绍过地壳运动、地质作用及其对地表形态的影响等相关知识，以及了解过校园所在地——黄杨山地形、地势特点后，再安排本次考察活动。

2. 业务准备

①考察前，小组成员要搜集考察地区的有关资料，并以小组为单位进行简单的整理和选编；

②教师将整理好的资料印发给学生——本地区的考察路线图，以及相关内容的拓展知识等。

③教师在带领学生考察前要进行实地摸点。

3. 物质准备

教师要带好地质锤、话筒、指图棒、写字板、粉笔及一些相关的地貌景观图；学生要带好课本、记录本、笔等。

4. 组织准备

根据本班 54 人的实际情况，将学生分为 6 人一组，每一组要求内部先自行分工，如安排好组长及发言人等。

【考察过程】

考察点1：（时间：8 分钟）

位置：见图 3－8 中的 A 地。

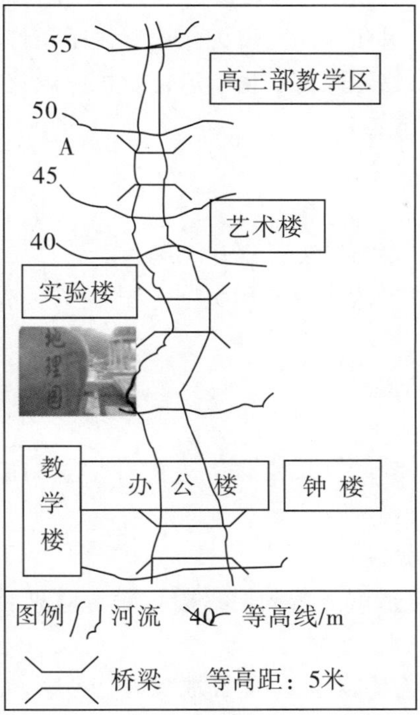

图 3－8 斗门一中简图

主要活动：

①岩石的鉴定（复习旧课引入新课）；

②观察花岗岩的风化情况，由内力作用引入外力作用。学生讨论风化的几种形式，学生发言，教师概括。

③实验演示：用厚纸板做一个演示台阶，如图 3－9 所示：

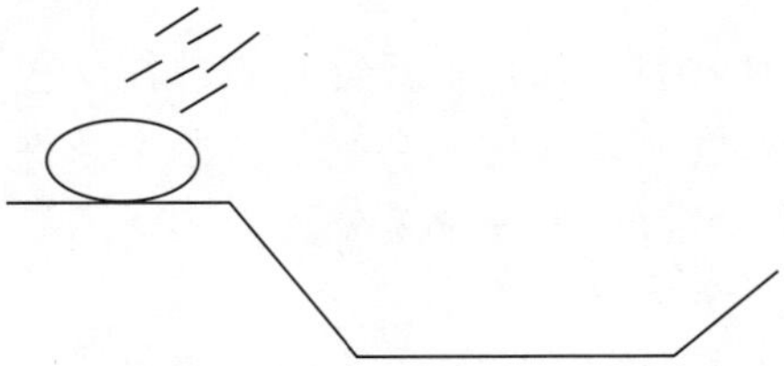

图 3－9

实验 1：选择一块非常完整和坚硬的花岗岩，用花洒在花岗岩石头上淋水片刻，观察花岗岩有何变化?

实验2：把花岗岩换成一个结构疏松的大土块，用花洒在大土块上淋水片刻，观察有何变化？

（师生互动）引导学生分析，为什么会形成两种不同的结果。找出主要原因：实验的石块和土块的性质不一样，实验1的石块没有被风化，难以被侵蚀，而土块已被风化，易被侵蚀，由此理解：风化作用为侵蚀作用提供了条件。

结论：风化形式主要有物理风化、化学风化及生物风化。

考察点2：（时间：12分钟）

位置：校内小涧（约50米长）。

主要活动：

分9个小组进行考察，要求解决以下几个问题。

①从考察过程中可以发现流水具有哪几种形式的外力作用？对地表形态的塑造有何不同的影响？

②各种作用各有什么关联？

③存在什么问题？

学生讨论，交流看法，教师加以点评，最后师生总结出侵蚀地貌和堆积地貌的基本特征。

考察点3：（时间：20分钟）

位置：地理园（园内包括黄土地貌、丹霞地貌、喀斯特地貌、海岸地貌、风蚀地貌、冰川地貌6种地貌类型）。

活动1：9个小组自主选择园内1~2种地貌进行考察，并解决以下问题：

所观察的地貌属哪一种类型？有哪些基本的形态？是什么作用形成的？

学生发言：包括主动发言（2个小组）及指定小组发言（1个小组），要求学生发言时边指图边解释（喀斯特地貌及风蚀地貌详讲，其余略讲）。在每个小组做发言后，教师提出相关问题，本小组或其他小组做回答，对于学生不明确的知识或问题，教师进行剖析。

活动2：用已准备好的带文字的箭头，依据“岩石圈的物质循环图”，派一个小组把箭头贴在火山喷发模型上，以说明岩石圈的物质循环，其他小组进行纠正或评说。

小结：地壳物质循环是岩浆—岩石—新岩浆的过程，它们存在的基础是岩石圈三大类岩石的相互转化。岩石要实现转化，必须具备两个条件，一个是内力作用促使地壳上升（隆起）和下降（拗陷），另一个是外力作用对岩石的风化、侵蚀、搬运、堆积，否则是难以进行的。

本课小结（师生）：内、外力作用对地表形态的影响（表3－11）。

表 3－11

项目	内力作用	外力作用
能量来源		
表现形式		
对地表形态的影响		
内外力作用的关系		

注意事项：

（1）拍摄时，师生尽可能集中精神，不讨论与教学无关的事。

（2）遇到问题时，要举手提问，以避免声音杂乱。

（3）回答问题时，音量要大，需指图时，要用指图棒。

组织讨论时，同学们要踊跃发言，分工要明确，要有人做记录，有人负责发言（最好提前推荐发言人）。

笔者注：

2005 年，人民教育出版社到斗门一中拍摄我的课改录像课（图 3－10），课例光盘与现行教材一并在全国发行。

图 3－10　课改录像课拍摄现场

后来珠海市教育局刘宏光老师在一次培训会议上，专门让全市地理教师观看了这节课，并在全市的培训会上说："这节课为我们展示了充满生命活力的课堂，充分尊重学生，让学生成为学习的主人。这个课拍得很成功，原因在于：一是谢老师很注重发挥团队作用，自己主动与本科组的成员认真研究教法，还专门让斗门电视台拍录成录像送到市教育局来让我提建议，在大家的共同努力下，才有了这节课的成功。二是这节课有很强的学科特性，也是一节开放式的地理课。让地理课走进了大自然，符合学习'生活中有用的地理'的理念，以活的教法用活了教材，学习了活的知识。"

生物、农业乡土素材在地理教学中的应用

《课标》“课程设置”中要求“综合实践活动共8学分，包括研究性学习、党团活动、军训、社会考察等，其中研究性学习占6学分（完成2个课题研究或项目设计，以开展跨学科研究为主）”。

学校按以上要求，在高一高二期间安排学生各完成1个课题研究或项目设计，教师按年级分组要求指导学生并给予评析认定。

地理新课程必修第二册内容标准第2.5条提出：结合实例，说明农业的区位因素。教材是重要且直接的课程资源，教材强调普适性，但呈现的案例往往与学生实际认知有所偏差。乡土地理是学生身边的地理，开发整合乡土地理课程资源有助于丰富地理教学内容。珠海市坚持“多予、少取、放活”的方针，紧紧围绕农业增效、农民增收和加快农业现代化的目标，大力发展特色农业、效益农业、精品农业、都市农业和生态农业，形成以河口型水产养殖业为主导，包括水果、蔬菜、花卉、观光休闲等产业的区域优势布局，逐步走出一条有珠海特色的现代农业之路。加强珠海生物、农业乡土素材在地理教学中的应用，创设教学情境，能激发学生的学习兴趣，从而使地理课堂“活”起来，能更好落实对学生地理学科核心素养的培养。

《生物与农业》专题学生成果的应用实例①

一、学生成果

1. 图片资料

① 本案例由珠海市田家炳中学2008级高一（2）班的胡以东、温火青、杨金华撰写，辅导教师：谢小庭、朱志鸿、肖思玲、肖金焕、张玉冰。

图 3－11　斗门白蕉果基鱼塘
（2008 年 6 月，胡以东摄）

图 3－12　斗门白蕉珍珠养殖场
（2008 年 6 月，张文龙摄）

图 3－13　斗门白蕉花卉场一角（2008 年 6 月，张文龙摄）

2. 小论文

水产养殖业考察报告（节选）

以前珠江三角洲一带以发展“桑基鱼塘”为主，随着社会的发展，自市场经济兴起后，由于蚕桑业生产周期长，相对也更有风险，产值不如社队企业高，桑基鱼塘面积逐渐缩小、消失。这是一个历史发展的变迁过程，现在珠江三角洲一带主要以鱼塘养殖为主。本地区也很具备水产养殖的发展条件，前景十分乐观。

继续前进一段路程后，我们便到了磨刀门水闸。刚下车，便感觉到一丝丝凉爽的清风徐来，沿着堤坝走去，看到堤外江景十分开阔，外面的船泊通行，江中水草荡漾，给人一种轻松释然的感觉。西江就由外面的磨刀门注入大海。这个水闸也担负着冬春时期的“抢淡”任务，现在这个时段则主要用于防洪灌溉。闸内的灌溉用水，就是从这里来的。

观看完后，又继续前进。经过一段路程后，我们来到了一个园艺种植场。里面种了许多品种的园艺作物，有加那利海枣、天堂鸟（鹤望兰），鸡蛋花等。这些主要都是观赏性的园艺作物，从中山引种，主要供应给附近的住宅小区，经济效益较高。随着现今城镇化进程加快，市场对园艺作物的需求也会有所增大。虽然化肥、杀虫剂等生产资料价格上升，但园艺行业的发展仍十分有前景。

二、应用说明

表 3－12

相关知识点	“乡土珠海”的应用	“学子风采”的应用
必修二第三章“农业的区位因素”	磨刀门水道附近的农业生产景观的相片，成片的蔬菜生产，以及鱼塘、虾塘相片	选取来自不同地方的学生家乡农业景观相片，在课堂上展示，并让有关同学简单介绍
必修二第三章“农业的区位因素的变化”	将同一地方的土地利用方式的变迁（水稻种植、桑基鱼塘、蔗基鱼塘、果基鱼塘、花卉等“时鲜业”）的相片按时间顺序展示出来	选取学生在同一地域、不同时间（季节）的家乡农业景观相片，在相关课堂上展示，并让有关同学简单介绍

三、应用效果

学生感悟：

那天的地理课，第一次让我深深感受到，我们身边就有地理知识。地理课上，老师展示了我交上去的家乡农业景观相片，当时我感到很荣幸，也感到很亲切，也特别带劲地跟着老师思考问题，学到的知识特别深刻、牢固。希望老师能多上这样的地理课。[田家炳中学高一（6）班佘元元]

地理观测

地理观测主要包括地质活动观测、水文观测、气象观测和天文天象观测（月相观测、日影观测、简易测量正午太阳高度）等。它是学生深入了解地理环境及其发展变化规律的重要手段，是发展学生地理智能、培养学生科学研究能力的重要途径。开展课外观测活动，要做好活动前的充分准备工作（选题、方案和组织准备）、活动时的严谨观测以及活动后的总结完善三个部分。

借助地理课外观测活动使地理知识由抽象变为具体，培养学生地理实践力，于是确定“观测日影并粗略测定学校所在地的经度”活动。为提升活动意义，可要求学生在测量学校所在地经度的基础上，再简易测量学校所在地某日的正午太阳高度，并估算当地纬度。依据课程内容安排，活动时间定为九月份，此时秋高气爽，操作性很强。地点设置于校内，场地选择余地大。

一、正午太阳高度角测量活动

（一）活动目的

（1）区别地方时与区时，利用经度差计算珠海的地方时。
（2）测量日影方向。
（3）测量当天的正午太阳高度角。
（4）推测当天日出（落）方位，画出太阳视运动轨迹示意图。

（二）活动要求

通过小组合作于9月的某一周完成测量，要求测量准确、示意图清晰规范。

（三）活动准备

（1）测量器材准备：1米长直杆、长绳、卷尺、粉笔、手表等。
（2）确定测量地点（见图3－14）。

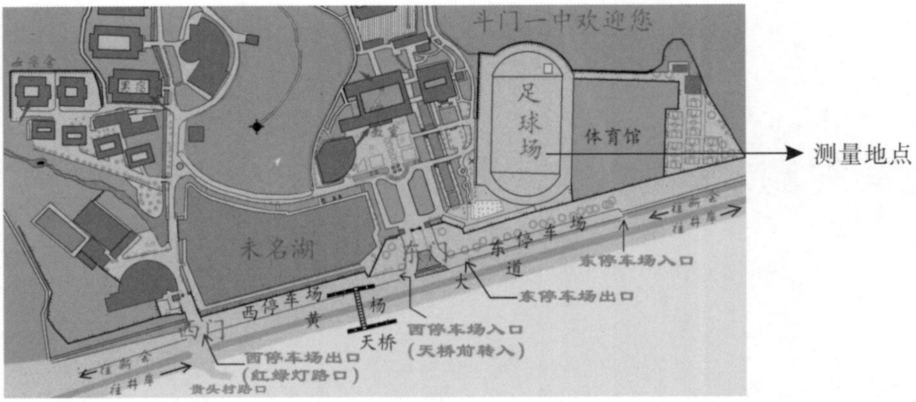

图 3－14　测量地点

（3）确定方位：以直杆为中心画一个圆，在圆周上标注正东、正南、正西和正北四个方位。如图 3－15 所示。

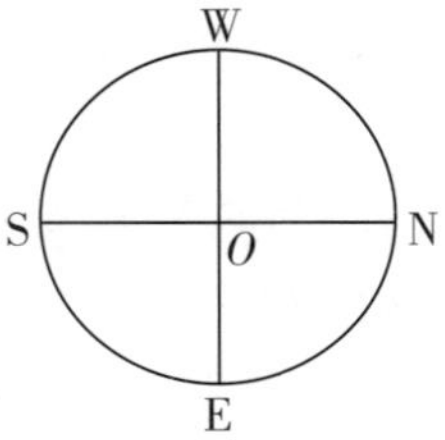

图 3－15　确定正东、正南、正西、西北四个方位

（4）测量时间、地点记录表（见表 3－13）【查得珠海坐标（22°N，113°E）】。

表 3－13

测量时间	地点	影长	影子方向
正午			

（四）活动步骤

（1）在晴天，选择校园内一块比较空旷的地方，用一根细直的 1 米杆作日影杆，垂直在地面上，并测量日影杆在地面上的长度。

（2）以日影杆所插的点为圆心，于上午某时刻在地面上画一个半径小于 1 米的圆（见图 3－16）。

图 3－16 **实地测量**

（3）通过查得的珠海经度 113°E，利用 120°E 计算出学校所在地正午的地方时，并在这个时刻测得日影长度。

（4）根据测量过程绘制当天太阳视运动轨迹示意图（见图 3－17）。

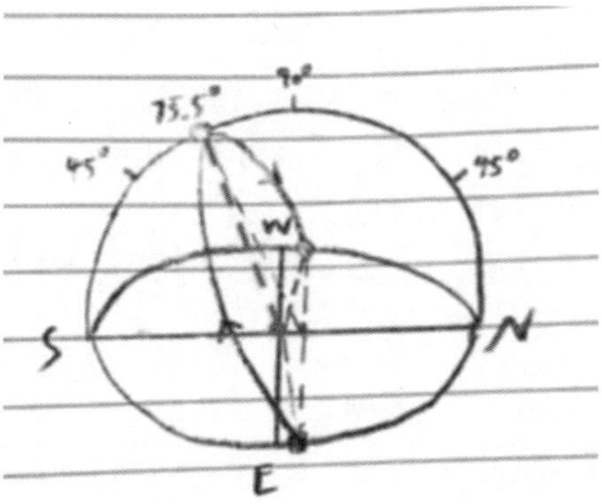

图 3－17 **学生绘制当天太阳视运动轨迹**

二、通过日影测量推算校园经纬度

方案一：测量日期定在 9 月 22—23 日（秋分日）

1. 测量步骤

（1）找好测量地点，将测量用的直杆竖立固定在地面上。

（2）学生描出每节下课后的杆影，并用红色胶带标记，记录测量杆影长度和测量时间。

（3）借助指南针确定方向，描出直杆所在地东、南、西、北方向，当影子与正北方向重合时，用红色胶带将杆影标记，并记录时间。

（4）测量现场实拍图如图3－18所示。

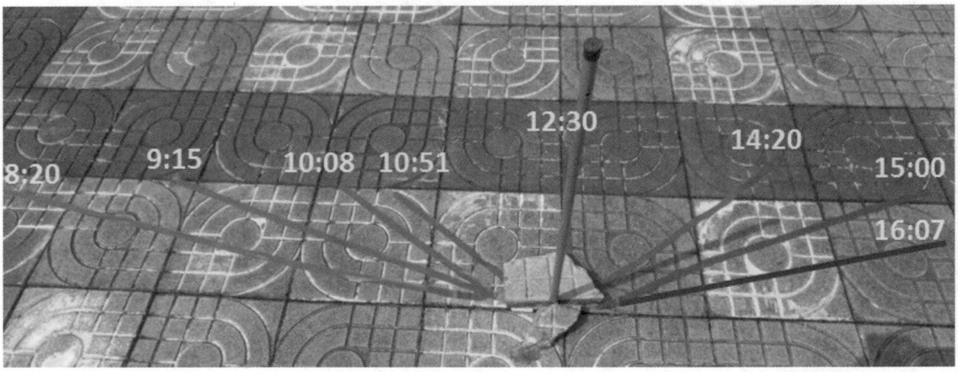

图3－18　斗门一中聚英广场测量现场

2. 测量结果

经过两天的观测，测得上午杆影朝向西北，下午杆影朝向东北。早上杆影接近正西方向，杆影较长；上午逐渐向正北方向移动，杆影逐渐变短；到达正北方向后，下午杆影逐渐向东北方向移动，长度逐渐增长。观测结果符合秋分日太阳周日视运动和日影的变化规律。秋分日这一天，太阳日出方位为正东，日落方位为正西，正午太阳位于赤道上中天的位置，所以测量结果合理有效。

3. 通过正午时刻的影子测量，计算学校所在地的经纬度

测量数据如表3－14所示。

表3－14　测量数据

测量时刻	8:20	9:15	10:08	10:51	12:30	14:20	15:00	16:07
杆影长度/cm	150	100	62	50	39	68	94	148

秋分日日影最短时杆影长为39 cm，杆长为87 cm，通过数学公式，利用计算器可以得出正午太阳高度角约为67°30′N，根据秋分日某地的正午太阳高度角＝90°－当地地理纬度，可以求出学校的纬度为22°30′N。

测量当天日影与正北方向重合时，北京时间为12:30分，而日影达一天中最短时为当地地方时12点，基于此可以求出测量地点的经度为113°30′E。计算过程如下：

$$x \to 120°$$

$$12:00 \to 12:30$$

$$x = 113°30'E$$

方案二：测量日期为非两分两至日

（1）晴天日子选择校园内一块平坦空旷的地方，用一根细直的杆作日影杆，垂直立在地面上，并测量日影杆在地面上的长度（设为 b）。

（2）以日影杆所插的 O 点为圆心，于上午某时刻在地面上画一个半径略短于当时杆影长度的圆。

（3）当日影杆的影端落在圆周上时，标记为 A 点；下午，当日影杆的影端又落在圆周上时，再标记为 B 点；将 A、B 两点连成直线，取其中点 C，将中点与圆心连成直线 OC。

（4）第二天，当日影杆的影子与直线杆 OC 杆重合时（即学校所在地的地方时正午 12 点），记下此时刻的北京时间（即 120° E 的地方时），并测量此时的杆影长度（设为 a）。

（5）计算学校所在地的地方时与北京时间的差值，利用所学知识，就可算出学校所在地的经度数。

（6）利用正午太阳高度角计算公式，根据测量结果算出正午太阳高度角，并求出当地纬度。

关于黄杨山“珠江门户第一峰”称谓的考证
——高二年级地理研究性实践活动

一、开展实践活动的背景

黄杨山位于珠海市斗门城区北郊，是珠海市境内最高的山峰，它险峻秀丽而气势雄浑，主峰海拔581米，被誉为“珠江门户第一峰”，山上共有八个较为独特的景色，人称“黄杨八景”。珠海市斗门区第一中学位于巍巍黄杨山麓，莘莘学子与秀丽迷人的黄杨山日夜相伴，它的一山一石，一草一木仿如是一本巨厚的地理书页，引起了不少该校学生强烈的“探究”欲望。2003—2004学年，高一级学生全面开展研究性学习，经过多次的攀登、考察、探究、讨论和总结，同学们终于写出了《黄杨山自然地理考察报告》，并参加广东省2003年中学地理教育学生学习成果大赛，荣获省二等奖。同时，该成果报告被编入广东省人民教育出版社编著的《普通高中课程实验教科书综合实践活动（必修）研究性学习》。一时间，被誉为“珠江门户第一峰”的黄杨山，以它的美丽、深奥和名气吸引着人们越来越多的关注。

就在研究的过程中，“珠江门户第一峰”一度被误传和质疑。争论的问题主要集中在如下几点：①黄杨山是否为珠江流域最高峰？②黄杨山是否为珠江三角洲最高峰？涉及的“珠江三角洲”范围有多大？③黄杨山是否为珠江门户最高峰？这里的“第一峰”是否就是指“最高峰”？等。

二、实践目标

（1）在新课改形势下，师生认真转变观念，在探究式教学模式下赋予学生更多更大的自主学习空间，培养学生主动获取信息的习惯和信息素养。

（2）培养学生严谨的治学精神。体会身边处处有科学现象的存在，培养学生仔细观察、实验、记录、分析数据的科学态度。

（3）加强学生信息咨询的能力培养，这样对于学生准确及时获取信息，进行学术交流，将具有积极而深远的意义。

（4）加强中学生的信息伦理道德教育。

三、实践准备

分组同时进行，包括网络检索组、馆藏纸质文件检索组、网络信息咨询组等。

四、实践活动建议

利用寒暑假时间来完成这一活动，活动时间与空间均较为方便。

五、实践过程

1. 组织讨论

为了解决以上问题，指导教师引导同学们对黄杨山为“珠江门户第一峰”展开了讨论。讨论的关键点在三方面，即“珠江”“门户”和“第一峰”。无论是在网络还是在纸质史料文献中均可查找到黄杨山为“珠江门户第一峰”的说法，而且“珠江门户第一峰”这七个字无一例外地被加上了双引号。讨论展开后，逐步集中在以下几个问题上：①黄杨山是否为珠江流域最高峰？②黄杨山是否为珠江三角洲最高峰？涉及的“珠江三角洲”范围有多大？③黄杨山是否为珠江门户最高峰？这里的“第一峰”是否就是指“最高峰”？

2. 检索

要弄清以上三个问题，就要指导学生进行各种方式的检索，以获取这方面的信息。

（1）网上检索：网上检索黄杨山与珠江三角洲的位置、范围等有关数据。

珠江三角洲的范围。“小珠三角”即通常所说的珠江三角洲，珠江三角洲地区包括广东省中南部珠江下游以及入海口的广袤地区。它环绕广东省中心城市广州市，南接深圳、珠海经济特区，东遥汕头市，西望湛江市，形成了一个不同层次的对外开放扇面。面积4.5万平方千米。“大珠三角”即粤港澳，面积18.1万平方千米。“泛珠三角”即“9+2”，包括珠江流域及与“大珠三角”相邻、经贸关系密切的福建、江西、湖南、广东、广西、海南、四川、贵州、云南9省区，加上香港、澳门2个特别行政区。面积200.6万平方千米。

黄杨山海拔581米，深圳七娘山（867米），东莞银瓶嘴（898米），台山狮子头（982米）、瓶身山（823米），恩平烂头岭（1 014米），增城牛牯嶂（1 084米）等。据此，黄杨山绝不是珠江三角洲的最高峰。

在查询“珠江三角洲最高峰”时，检索到如下结果：

①罗浮山飞云峰峰顶海拔1 296米，不但是惠州地区最高的山峰，也是珠江三角洲地区的最高峰，登上飞云峰，极目“四百峰峦江海上”的壮景，实在是一件赏心悦目的事。

②韶关市新丰县境内海拔 1 434 米的云髻山，是珠江三角洲地区海拔最高的山峰。

③鼎湖山风景区距肇庆市区 18 千米，主峰鸡笼山海拔 1000. 8 米，是珠江三角洲地区的最高峰。

……

通过网上检索，学生对网络信息的严谨性、严肃性及准确性有了自己的看法。

（2）文献检索。

在网上检索不能解决所有问题的情况下，指导教师要适时地指导学生进行自主的纸质文献检索。

中山大学地理系师生在《珠江三角洲水土资源》（珠江三角洲研究丛书三，中山大学出版社出版）第一章里写道："珠江三角洲有大小之分，所谓小珠江三角洲一般是指以三水、石龙为顶点，南至珠江口海岸的地区。而大珠江三角洲则指西起肇庆，东至惠州，北自清远、佛冈，南至沿海岛屿的广大地区，除了小珠江三角洲之处，还包括了西、北、东三江下游的泛滥平原"。

如此看来，黄杨山海拔 581 米，在珠江三角洲的群峰里连前十名也排不上，黄杨山绝不是珠江三角洲的最高峰。

经查，1980 年斗门县志编写委员会编《斗门县志》写明："……山上三峰高拔，常有白云遮盖，主峰高达五百八十一公尺，是现代珠江三角洲最高峰，可称我县屋脊，登高远望，县境隐约可见"。但在 2001 年出版的《斗门县志》里却写着："按地理学标准划分，黄杨山是全县唯一的低山，它不但是斗门县第一高峰，也是'珠江门户第一峰'"。因此，黄杨山为"珠江三角洲最高峰"的误传不攻自破。

什么是"门户"？这就要查询辞源，查明：门，建筑物出入口上用作开关的设备，也指出入口；门户，房屋出入处的统称。珠江流域由西江、东江、北江及珠江三角洲诸河等四大水系组成。西、北两江在广东省佛山市三水区思贤滘汇入珠江三角洲，东江则在广东省东莞市石龙镇汇入珠江三角洲，经虎门、蕉门、洪奇门、横门、磨刀门、鸡啼门、虎跳门及崖门等八大口门汇入南海。构成珠江独特的"三江汇集，八口分流"的水系特征。也就是说，这里的"门户"指珠江水道入海口处。珠江的干流——西江，流经斗门的水道有磨刀门、鸡啼门、虎跳门等 3 条水道出海，具体到黄杨山，即位于鸡啼门水道入海口处。因此，"珠江门户第一峰"是指在珠江八大口门附近的"第一峰"。"第一峰"不能简单地等同于"最高峰"，因为在崖门附近，有新会与台山交界处的古兜山，它的最高峰狮子头海拔 982 米，还有其他 7 座海拔 800 米以上的山峰。因此黄杨山算不上是"珠江门户最高峰"。

那为什么崖门不能成为"珠江门户第一峰"呢？是否是由于崖门水道的水量少，崖门不能算是主要口门，从而影响定位"第一峰"的呢？为了弄清楚这个问题，学生又检索了珠江三角洲八大口门出海水量分配概况表（见表 3 - 15）。

表 3 - 15 珠江三角洲八大口门出海水量分配概况表

项目 \ 口门	东四门				西四门				八大口门总量
	虎门	蕉门	洪奇门	横门	磨刀门	鸡啼门	虎跳门	崖门	
年径流量/亿立方米	603	565	209	365	923	197	202	196	3 260
占总量/%	18.5	17.3	6.4	11.2	28.3	6.1	6.2	6.0	100

纵观诸水道入海口处，崖门水量与鸡啼门并无多大差别，因此也可以排除以上推断。

那么，把黄杨山定位为“珠江门户第一峰”是否是由于它本身的知名度使然？基于此，学生又查询了广东省名山名录。然而，2005 年广东省地图出版社出版的《广东省地图册》列举的“广东省名山”（表 3 - 16）中，并没有把黄杨山列为本省名山范围。

表 3 - 16 广东省名山

山峰名	高程/米	特点	所在市县
石坑崆	1 902	广东省最高峰	乳源、阳山交界
丹霞山	409	广东省四大名山之一，国家级风景名胜区	仁化县
鼎湖山	491	广东省四大名山之一，国家级风景名胜区	肇庆市鼎湖区
西樵山（大科峰）	344	广东省四大名山之一，国家级风景名胜区	佛山市
罗浮山（飞云顶）	1 281	广东省四大名山之一	博罗县
南昆山（天堂顶）	1 210	自然保护区、旅游避暑胜地	从化、龙门交界
梧桐山	944	自然保护区、旅游避暑胜地	深圳市
白云山（摩星岭）	372	风景名胜区	广州市
五桂山	531	风景名胜区	中山市
古兜山（狮子头）	982	风景名胜区	台山、新会交界
凤凰山	1 497	风景名胜区	潮安、丰顺交界
阴那山	1 297	风景名胜区	梅县、大埔交界

3. 寻求信息咨询（参与咨询）服务

由于短时间内无法考证到“珠江门户第一峰”的出处，教师只好引导学生去区、市图书馆寻求信息咨询服务。图书馆员很快为我们提供了大量的地方性文献。在咨询人员提供的纸质文献无法解决的情况下，指导教师又继续引导学生到省立中山图书馆寻求网络信息咨询服务。在省立中山图书馆的主页中有“网上咨询与导航”，点击后进行注册登录联合参考咨询网，慢则 1 ~ 2 天，快则几分钟就可以得到图书馆员的回复，达到事半功倍的效果。

4. 学科碰撞与研讨

天下有很多“第一”。山海关被称之为“天下第一关”，因为它是万里长城东部起点的第一座关隘，且为古代战略要地；武汉长江大桥被称为“万里长江第一桥”，因为它是浩瀚长江之上桥梁史的首创；山东济南有“泉城”之美誉，其中趵突泉被称为“天下第一泉”，是由于它的神奇壮观，为当年乾隆皇帝御笔亲封；泰山被誉为“五岳独尊”是因为历代帝王在这里举行封禅大典而美其名……而黄杨山被称为“珠江门户第一峰”则是由于它处于珠江门户的要冲地带，也是由于它的高度、美丽的自然景观和文化积淀的影响等诸因素使然。

黄杨山上有闻名遐迩的金台寺和充满神奇色彩的“黄杨八景”（茶田吐翠、清泉冽水、第一石门、赤脚仙踪、无底深潭、金台银瀑、环海镜面、也字山峰），兼之山麓有宋末抗元名将（大傅）张世杰的墓葬，增加了这座山的名气。张世杰，范阳人，宋末与文天祥、陆秀夫并称“三大名臣”，公元1279年，元将张弘范攻陷崖山，最后陆秀夫背幼主赵昺投海殉国，张世杰则率领将士驾舟出海，继续抗元，不幸于阳江平章港遭台风覆舟溺亡，后将士将其焚化，把骨灰带回黄杨山安葬（见明代著名学者黄佐编的《广东通志》），后人有“黄杨山幸埋忠骨”之句，用以赞颂这位为国捐躯的古贤名将。

由于黄杨山钟灵毓秀，风光优美，加上许多历史遗迹和神话传说，这就使黄杨山更显得神奇。登上黄杨山，极目四望，重峦叠嶂，水碧山青，它的西面是珠江出海口虎跳门和崖门，东面是黄杨河、鸡啼门、泥湾门和磨刀门，这片美丽的江南水乡，确有“山外青山围外围，碧波绿畴竞生辉”的美景，给人以“环眸皆山影，极目地无垠”的感受。

把黄杨山誉为“珠江门户第一峰”，颇有诗意。诗人汤仲光亦有《黄杨雄秀好风光》诗云：神州南国有黄杨，地灵人杰史有章。大傅流尸遗古墓，奇龙搅水记仙乡，珠江厄险峰排阔，沃野丰茸稻浪扬……是对黄杨山景观的高度概括。珠海是“百岛之市”，位于珠江三角洲的南端，辽阔的水域上有大大小小146个岛屿，真可谓星罗棋布，它是南海明珠！张德江同志视察珠海时曾挥笔写下“海上云天，天下珠海”的题词，高度赞美珠海“海天相接”的壮丽景观。

六、实践结论

鉴于无论是在网络还是在纸质史料文献中均可查找到黄杨山为“珠江门户第一峰”的说法，而且“珠江门户第一峰”这七个字无一例外地被加上了双引号。因此最后笔者与同学们推断，“珠江门户第一峰”应是出自有一定影响力的某官员或学者之口，抑或大诗人等文人之笔。

总之，尽管最后并没有查到“珠江门户第一峰”的具体出处，但在探究过程中，学生们掌握了大量的有关知识，也提高了自身获取地理信息的能力，为接受终身教育打下了坚实的基础。

研究性学习考察报告的撰写
——以《黄杨山自然地理条件的考察报告》为例

研究性学习以同学们的自主性、探索性学习为基础，从与大家学习、生活密切相关的问题出发，采用个人或小组合作的方式进行亲身的实践探究，获取直接的经验、体会，养成科学精神和科学态度，提高综合运用所学知识解决实际问题的能力。

在研究性学习中，通过自主学习，自己查阅资料，自己提出质疑，在自己实施方案的过程中，一步步进行创造实践，一步步走向成功。

开展研究性学习活动的基本过程：第一步选题，包括确定研究范围、研究方向和深化研究课题；第二步开题，包括认识开题报告、开题报告的设计和选择研究方法；第三步证题，包括社会科学类课题的证题过程、自然科学类课题的证题和文献资料的检索及查阅方法；第四步结题，包括结题报告的形成、展示、评价与反思。

黄杨山自然地理条件的考察报告①

摘要：根据实地考察和对有关资料的考证，我们得出以下结论：黄杨山是由于岩浆岩体受到地球内力的抬升再经受了多次升降运动而形成的；黄杨山的土壤为酸性的赤红壤，土壤的发育程度与厚度随海拔高度的升高而递减，黄杨山的植被有一定的垂直性差异，我们认为其成因是地下水热度的垂直性差异所致，但主要还是受土壤厚度的影响；黄杨山旅游资源开发利用的潜力很大；针对黄杨山当前所面临的主要环境问题（如“绿色杀手”——薇甘菊的侵入）提出了相应的对策。

我们把“黄杨山的自然地理特征”确定为研究性学习的课题，并进行了多次实地考察和查阅了大量有关资料，我们认为其自然地理环境有明显的特殊性。

1. 地质地貌

（1）地质。黄杨山山体为花岗岩结构，主要造岩矿物为长石、石英、黑云母。花岗石为侵入岩，由此可判定该地在地质年代曾产生剧烈的地壳运动和频繁的岩浆活动。据《斗门县志》记载，斗门地区曾为浅海环境，强烈的造山运动使岩浆侵入以黄杨山

① 本考察报告的指导教师：谢小庭、袁廉兴、程淑桦、张勇。

为中心的古生代和中生代地层，使黄杨山崛起成为陆地，经过漫长的风化剥蚀，逐渐被夷为平地。距今约300万年前，喜马拉雅运动，使被夷平的黄杨山再次抬升，黄杨山顶峰附近残留的最老一级夷平地，就是当时夷平面抬升起来的遗迹。山顶巨石裸露，花岗岩球状风化随处可见，说明内外力的共同作用造就了黄杨山的现状。

（2）地貌。黄杨山位于珠海市斗门区境中部，秦汉时已存在，相传因盛产黄杨而得名。此山东起大、小黄杨村，南延西坑区，西至石咀村，北至大赤坎，跨越斗门、井岸等镇。面积31.1平方千米，平均海拔200～300米，山上三峰高突，主峰581米，北面第二峰狮髻峰为475米，左侧企人石465.9米，由此按地理学标准划分，黄杨山是全区唯一低山，也是“珠江门户第一峰”。

黄杨山山体呈南北走向，东南山坡陡峻，西北山坡平缓，东北面有两条东西走向和南北走向3 000～4 000米的深坑分割，南坡以下，由约400米陡降到180米，成为一大悬崖，故有“石门瀑布”胜景。主峰与狮髻峰延展处，泉水所聚，汇成池沼，俗称“天池”。

2. 岩石

黄杨山的岩石以侵入型花岗岩为主，表层和山麓有沉积岩，其特征与黄杨山的历史变化有着因果关系。黄杨山上的花岗岩的构岩矿物和风化现象明显。

3. 土壤

土壤的类型与分布受母质、气候、地形、生物的制约。由于斗门地处广东三大暴雨中心区之一，黄杨山的花岗岩体受高温多雨气候的影响，经过风化破碎而形成疏松的成土母质，矿物质分解和淋失十分迅速，除红色的铁铝氧化物不易淋失外，易移动的矿物（K、Na、Ca、Mg）都强烈淋失，最重要的是在生物对母质的改造过程中最终发育成花岗岩赤红壤。该种土壤上广布着铁芒萁和铺地蜈蚣等植物，说明它是pH值较低的酸性土壤。

从考察中选择的土壤剖面来看，土层中腐殖质层较薄，有机质含量少，为贫瘠土壤。从山脚、山腰及山顶的土壤剖面来看，黄杨山的土壤厚度随高度的增加而变薄：山脚坡缓、植被覆盖率高，在坡积物和残积物母质的基础上发育成具有覆盖层、腐殖质层、淋积层、母质层的成熟土壤剖面，覆盖层和腐殖质层较厚；山腰与山脚的母质相同，但腐殖质层、覆盖层、淋溶层和淀积层变薄，这主要是由于山坡变陡，水土流失严重，再加上植被稀少有机质及矿物质难以富集和积累。山顶土壤为薄层花岗岩赤红壤，土壤表层有大量粗粒石英，有极薄覆盖层，腐殖质层近无，这与山顶岩石大片出露、球状风化明显、植被稀少有密切关系。这说明土壤发育不够成熟，介于原始土壤向成熟土壤的过渡阶段。

4. 植被

黄杨山地处华南亚热带气候区，因而其植被类型为亚热带常绿植被。但由于长期的人类活动影响，山上的原生植被已不多见，人工林和次生林占主要部分。在考察中所见的人工林以台湾相思（栽培）、马尾松、桉树、龙眼为主，而野生植物种类（我们已查实的）主要有以下类型：

乔木：松、台湾相思（野生）、山苍子；

灌木：岗稔、岗松、野牡丹、山芝麻、黄栀子、野花椒；

藤本：白藤、两面针、金樱子、蛇泡簕、土茯苓、锡叶藤；

草本：芒箕、铺地蜈蚣、贯众、山姜、千里光、芒、铁线草、猪笼草；

野生竹：山竹。

由于人类活动和黄杨山海拔有限（相对高度导致的山脚和山顶的温差不超过4℃），黄杨山的植被垂直地带性不甚明显，呈镶嵌分布。但随着海拔高度变化，土壤湿度、厚度变小，从而导致次生植被依然有一定的垂直分布，在山麓（200 米以下）以马尾松—岗稔—芒箕为主的草本灌丛，山腰（300 ~ 400 米）为岗稔—岗松灌丛，400 米至山顶过渡为山竹—茅草群落。从山脚到山顶，植被的叶片由阔叶变为针叶，再过渡到茅草。

植被的分布受环境的影响，反过来植被也影响其生存的环境。在山脚草本层，蕨类的铁芒箕表明该地土壤为酸性的红壤，尤其是在山溪边生长的石松亚门植被铺地蜈蚣表现出其生态环境为强酸性的湿润土壤。黄杨山植被中，热带性属种较多，呈现出由热带向亚热带植被过渡的特点。

黄杨山的土壤、植被垂直分布如图 3 - 19 所示。

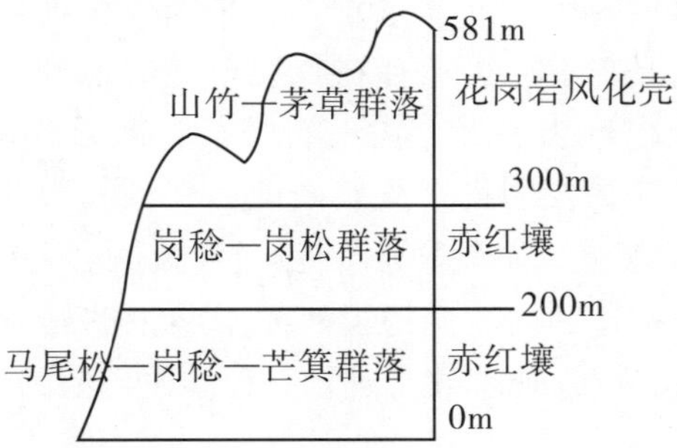

图 3 - 19　黄杨山土壤—植被垂直分布图

浅谈地理创新教育中学生创新思维的培养

在创新教育中积极进行学生的创新思维的培养和训练，开展以“转变学生的传统思维模式，培养实事求是，独立思考，勇于创新的科学精神”是创新教育的核心。而创新思维是一种思维的高级形态，那么作为基础教育中的地理教育在创新教育中该从何处着手培养学生的创新思维呢?

一、正确处理情感教育和认知教育的关系，是培养学生创新思维的前提

教学过程既是知识信息的传输反馈过程，也是师生精神情感融洽的过程。但从当前我国地理教学第一线情况来看，仍然存在重视单纯的地理认知教学，忽视情感教育的情况。事实上，我们也很难想象一个没有自信心，缺乏创新意识与献身精神的人，在今后的科学研究上能有什么发明创造呢?因此，在创新教育中，要特别重视情感教育，情感教育和认知教育兼重，做到教学情感全程投入，与学生建立起融洽、和谐、平等、民主的新型师生关系；创设愉悦情境，激发学生的好奇心和求知欲，培养学生学习地理的兴趣；通过精心设计地理教学过程，让学生体验到成功的乐趣。

二、创设愉悦情境，激发学生的好奇心和求知欲，是培养学生创新思维的基础

中学生的好奇心和求知欲是创新思维发展的内部动因，往往是创新的起点。受好奇心驱使的行为就是探索，探索就是具有一定的创新性的行为。中学生好奇心强，求知欲望高。中学地理教材，既包括自然地理，又涉及人文地理及人地关系，内容丰富多彩，这也为激发学生好奇心和求知欲提供了很好的素材。

作为中学地理教师，不仅要注意保护学生的这种好奇心，而且还要创设一些条件，逐步把这种好奇心引到求知欲上来，实现“要我学”向“我要学”的转变。例如，在讲“地球在宇宙中”这章内容时，学生初次接触到天文伞这个教具，兴趣极浓，争相观看，向教师提出各种各样的问题。而这时教师不失时机地积极启发学生去探索：“你

能在星空里找到北极星、牛郎星、织女星吗?”“牛郎、织女真的能相会吗?”然后逐步引导到“北极星是在我们头顶上的吗?”“南半球能看到北极星吗?各纬度上北极星高度都相等吗?”“北半球的星空围绕北极星做什么时针方向运动?”等难度较大的问题上来。这样既提高了教学效果,也激发了学生的好奇心和求知欲。学了这章内容后,许多学生夜晚都去观察星空,几乎都能认出我们地区夜空中所有的星座。有的学生甚至达到入迷入痴的程度,还自行设计了简易的测纬仪,测出了当地的纬度,并利用测纬仪测出了我们地区四季正午太阳高度角的变化。

三、革新传统的教法,创设创新性问题的教学情境是培养学生创新思维的关键

在地理教学中,采用启发式教学,创设带有创新问题的教学情境,对发展学生创新思维起着关键作用。思维始于问题,在地理教学中,创设创新性问题的教学情境,不仅仅是指培养学生用创新思维来解决教师设计的问题,更重要的是要激发学生提出带有创新性的问题,并能独立解决问题。例如在学习“青藏地区”时,当介绍青藏高原由于“高”而形成独特的高寒气候时,我们应适时提出青藏高原在水平方向上对气候的影响。假如没有青藏高原的阻挡,新疆等内陆地区的气候有何变化?我国东部的气候又有何变化?南亚的气候有无变化?对亚洲河流的流向有何影响?等等。

四、运用图表,发展学生直觉思维和创造性想象是培养学生创新思维的有力辅佐

直觉思维是未经逐步分析而迅速对问题的答案做出合理的猜测,设想或突然领悟的思维。爱因斯坦说:“真正可贵的因素是直觉。”直觉思维本身就具有新颖性和独创性的性质,是创新思维活跃的一种表现。

创造性想象是各种创新活动的重要组成部分。所有创新活动都离不开创造性想象的参与。有人认为创新思维就是思维和创造性想象的高度结合。创造性想象参与后,能够结合过去经验,在想象中形成创造性新形象,从而提出新假设。

不论是直觉思维,还是创造性想象,产生的重要条件都是要有丰富的表象储备。否则就成了“无本之木”“无源之水”。所谓表象,就是客观事物所具有的形象,被人们感觉后头脑中保存下来的痕迹。地理学的研究对象是人类生存环境,时空非常广大,地理现象也十分复杂。对于大量的地理事物和地理现象,学生不可能都亲身去感知获得表象,而图表具有直观、形象的特点,“是地理学的第二语言”,所以学生对图表的观察与应用,可以在头脑中形成丰富的地理表象储备。地理教学中,教师经常引导学生带着问题识图、读图、析图、用图,就能使学生头脑中建立起完整而稳定的地理表象,从而为创造性想象提供充足的“原料”,在解决问题时,就能通过迁移成为直觉思

维的原型启发，促使学生迅速产生灵感。

五、注重培养学生发散思维与聚合思维的有机结合是培养学生创新思维的重要环节

创新思维，既需要发散思维，又需要聚合思维，而更多地表现则为二者的有机结合。聚合思维是把解决问题的各种可能性都考虑以后再寻求一个最佳答案，而发散思维则是围绕着问题多方寻求答案。没有聚合思维，就没有创新和变革的条件与基础；而没有发散思维，就没有创新和变革的想象基础与动机。聚合思维与发散思维都能通向创新之路。如人们从日月星辰的东升西落的反面认识到地球自转的方向，再如人类于 1846 年、1930 年分别发现了海王星和冥王星等，这些都是聚合思维导致创新与发现的佐证。发散思维中的正向与逆向思维同步运用，使人类发现了许多现象、规律，也引发了新的创造设想。如李四光先生的陆相成油理论，魏格纳的大陆漂移学说等，都说明了发散性思维在自然科学的创造活动中大有作为。

发散思维和聚合思维的协同开发是进行创新思维活动的重要切入点。我们在过去的教学中往往只重视聚合思维的训练，而忽视了发散思维的培养。那么，地理教学中怎样培养学生的发散思维呢？我们认为主要从课堂教学和习题训练方面着手。课堂教学要多设计发散思维教学类型，如采用“发现法”“问题研究法”“范例教学法”“启发式教学法”“导学式教学法”等，引导学生积极主动地学习，开放而灵活地思考。如围绕“找出与地球自转运动有关的地理想象”“假如黄赤交角为 0°，会引起哪些方面地理现象的变化”之类的问题，尽可能鼓励学生从多方面寻找出答案来。

教师设计的地理习题，要采取“一题多解”“一题多变”“一题多答”等，重视对流畅性、变通性和独特性的训练，多设计具有创新性的习题。同时鼓励学生质疑善问、自己编题。在习题训练中，帮助他们克服消极的思维定式，组织讨论，广开思路，让学生自己提出独特的见解。

六、开展第二课堂，实现课本知识与野外实践、实际应用相结合是培养学生创新思维的重要途径

若只从书本上或课堂教学中去培养学生的创新思维是有相当大的局限性的，程度还很不够。要开拓学生视野，提高其思辨能力，培养其创新精神和创新思维，就必须让学生将所学的课本知识与日常生活、生产实际和社会实践紧密结合起来，去读大千世界这部“无字书”。为此，地理教师应积极组织、鼓励学生踊跃参加地理实践活动，在实践中培养学生的创新意识和创新精神，强化和刺激学生的创新思维，以至于有所发现，有所发明，有所创造。如观察天文、气象、物候等现象；调查工农业生产布局、人口增长、环境污染等状况；搜集与地理相关的图像、谚语等资料；关注与地理相邻

的一些社会学科、自然学科的发展、更新和深化以及全球、我国、家乡的社会、自然的热点问题及整个世界亟待解决的焦点问题；参加旅游、探险、地理摄影、制作标本、撰写论文等活动……探索的艰辛，发现的乐趣，成功的愉悦，无不激发着学生的创新思维活动，并迸发出创新灵感的火花。

然而，常言道：名师出高徒，师高弟子强。要培养高素质的人才，就必须有高素质的教师，如果教师自身的素质不高，怎么会培养出高素质的创新型学生呢？如果教师仅拘泥于“一支粉笔，一本书”的旧教学模式，就必然会扼杀学生的创新思维和创新能力。因此教师应更新教学教育观念，增强创新意识，大胆创新，大胆探索，不断丰富和扩大自己的知识面，在掌握地理学知识和常规地理教学方法、手段的基础上，还要掌握与地理学科有关的学科知识以及现代教学方法和手段，真正做到“常教常新”，自觉向“素质型”“创新型”或“科研型”方向发展，逐渐形成新一代的“复合型”的高素质创新型教师。

（注：本文写于2002年12月）

第三部分　教学评价

新课程标准下的试题命制初探

试题命制是中学教学的一项重要内容，也是中学教师必备的教学技能。研究命制试题，才能找到地理教学的“源头活水”。在试题命制过程中，必然要关注试题的情境、立意、设问与答案，从而促使教师快速成长与进步，对学生而言教学过程则会更有实效。

《课标》中提出了学业水平考试命题建议：学业水平考试命题的评价目标，应定位在“地理学科核心素养”形成状况的测试与考查上。理解和把握地理学科核心素养与学业质量标准，制定明确的评价目标，是能否有效测试学生地理学科核心素养预期表现的关键。

在研制学业水平考试的试题时，要将课程标准中的学业质量标准细化为测试的目标。下面笔者结合珠海市命题竞赛，谈谈自己对命题的一些思考。

一、吃透命题要求，搭建命题框架

吃透命题要求是命好试题的第一步，如果命题要求提交的题型为情境化单项选择题组题（每个题组含 3 个小题）和情境化综合题（共 24 分，含 3 ~ 4 个小题），如果命题者没有按 3 个小题来命制选择题组，而是列单题成题或 2 个小题成题组，综合题也没有按 24 分的总分来设置问题，那么这些都是不符合要求的。另外，命题方向和难度要求要充分体现地理核心素养，如参考2015—2017年全国高考Ⅰ卷地理试题，则要求命制试题的难度不能过于简单。

第一，命题者应制定命题双向细目表。双向细目表是命题工作的依据，双向细目表建立了考查标准，体现了考试的目的。它的贡献在于：保证了考题对要考查的内容有较宽的覆盖面；使考试有较好的内容效度。双向细目表的纵向列出的各项是要考查的内容，横向列出的各项是要考查的能力，或说是在认知行为上要达到的水平，在知识与能力共同确定的方格内则是考题分数所占的比例。因此，这种命题双向细目表具有三个要素：考查目标、考查内容以及考查目标与考查内容的比例。如2016年高考全国新课标Ⅰ卷地理双向细目表（见表3－17）。

表3－17　2016年高考全国新课标Ⅰ卷地理双向细目表（节选）

<table>
<tr><th colspan="4">题型结构</th><th rowspan="2">考点</th><th colspan="3">考查形式</th><th colspan="4">能力目标</th></tr>
<tr><th colspan="2">题型</th><th>题号</th><th>分值</th><th>主题（选材）</th><th>考核内容</th><th>呈现方式</th><th>获取解读信息</th><th>调动运用知识</th><th>描述阐释事物</th><th>论证探讨问题</th></tr>
<tr><td colspan="2" rowspan="3">选择题
12分</td><td>1</td><td>4</td><td rowspan="3">工业区位条件和产业转移</td><td rowspan="3">20世纪80年代以来，景德镇与广东佛山陶瓷产业变化</td><td rowspan="3">结合文字信息，比较与分析工业区位与产业转移</td><td rowspan="3">文字信息</td><td>★</td><td>★</td><td></td><td></td></tr>
<tr><td>2</td><td>4</td><td>★</td><td>★</td><td></td><td></td></tr>
<tr><td>3</td><td>4</td><td>★</td><td>★</td><td></td><td></td></tr>
<tr><td>非选择题
24分</td><td>必考题</td><td>36</td><td>24</td><td>农业区位条件、工业区位条件、区域的可持续发展</td><td>广西横县茉莉花种植与茉莉花生产</td><td>运用图文资料，说明、解释、分析、提出该区域产业发展的四个层次的问题</td><td>文字与区域分布图</td><td>★</td><td>★</td><td>★</td><td>★</td></tr>
</table>

第二，命题者制定评分要求，才能有的放矢，从而命制出高质量的试题，如：素材时效度（全新度）（10分）、素材合理度（20分）、设问合理度（20分）、设问表达简洁准确度（10分）、答案科学度（10分）、与全国高考试题吻合度（10分）、原创度（20分）。

二、以学科核心素养为命题依据，从四要素入手命制试题

目前，课程目标已经从基础知识、基本技能转到三维目标并转变为现在的学科核心素养，命题立意也从知识立意到能力立意转变到现在的强调素养立意，因此，要解剖试题结构，从四个构成要素入手来命题。

美国哲学家乔姆斯基认为，心理上的认知（深层结构）演化成具体的语言形式（表层结构），要经过一个投射、衍生的变化过程（转换）。作为试题，在结构上也可分为表层结构和深层结构。表层结构包括试题中的素材、设问、作答等图文表达；深层结构包括反映课程、学科主要思想方法与知识扩展等的主题、角度与线索。文化思考和现实评判是试题深层结构的两个极点。深层结构是面向教师的，是命题者与教学者的专业对话，它决定着试题的质量和难度。因此，试题包含深层的立意、情境、设问和作答共四个要素，它们分别有不同的设计要求。

（1）立意：考查目标，学科内容与能力（素养）要求（依据课标和考试说明）。

（2）情境：包含问题的典型化真实事象（不拘泥于教科书案例，但要同质等深）。

（3）设问：由行为动词指引任务表述（行为动词源自课程标准，任务范围依据考试说明）。

（4）作答：设定被测群体可能出现的正确答案及评分标准（教科书表述和教学实际水平）。

学科核心素养实际上就是一种把所学的学科知识和技能迁移到真实生活情境的能力和品格。要考核这种素养，意味着试题在命制时要设计一个又一个基于真实生活情境的主题或项目，让考生通过体验、探究、发现来展示自己的知识、能力和品格。因此，情境设计能力是每一位命题者都必须具备的核心教学专业素养。

然而，什么样的情境才是好情境？命题时该如何对情境进行结构化处理？情境设计能力方面存在的明显不足，是掣肘试题质量的瓶颈，也是素养立意难以落地的关键。

《标准》对“试题情境”提出了如下要求：

在各类“情境”中，包括联系学生日常生活的情境，以及地理与生产联系的情境和地理学术情境。为了评价学生的核心素养，要高度重视复杂、开放性真实问题情境的创设，即把具体任务尽可能放在真实、复杂性的现实情境之中。

复杂、开放性真实问题情境的创设，要拓宽素材来源渠道，而不能只局限于个别学科渠道；材料加工要注重“鲜活”，淡化“专业”痕迹；对于学术性情境，要注意表达的通俗性，使之向生活化情境转化，既隐含内在学科逻辑，又贴近学生生活；要在分析地理学科核心素养水平表现的基础上创设情境，注意给予必要、充足的信息，据此设计明确具体的问题，用于测量不同素养水平学生的表现。

选择学科内容—确定要完成的具体任务—对具体任务的完成水平进行描述，是把握测试内容、具体任务和情境的基本路径。当需要考查的测试内容被选定之后，要具

体说清楚学生在何种复杂程度的问题情境中，运用哪些学科化的思维模式、探究方法与技能，其行为分别能够达到什么样的程度与水平。

针对以上要求，根据《标准》的地理学业质量水平分级，分别对情境进行不同程度的结构化处理。

地理学科的情境包括三大类：

（1）复杂的、不良结构的现实情境——重点创设。

（2）整合的地理学科化情境。

（3）良好结构的地理学科化情境。

情境结构化是教师根据教学内容和学生学习的实际能力，以及学生要完成的不同问题或学科任务，对真实生活情境，保留其关键性的事实与特征，然后进行恰当的删减调整，创设解题信息充分的问题背景。

情境按知识应用和产生方式的不同可分为生活实践情境和学习探索情境。按情境的复杂程度可分为四层（见图3－20）：第一层是简单的情境活动，第二层是结构化的简单情境活动，这两类情境活动，可测评出的是学生基本的知识和能力水平。第三层是复杂的情境活动，第四层是未结构化的复杂情境活动，这两类情境活动涉及的题材更多更广，主要考查学生面对复杂问题时综合运用知识的能力水平，以及评价其价值取向及测评其学科素养水平。

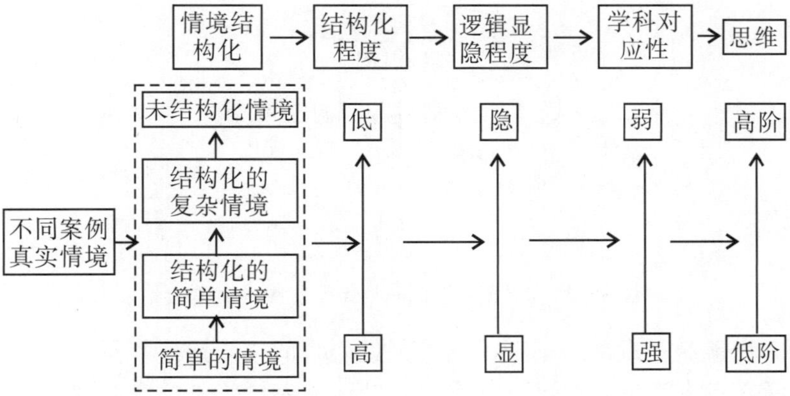

图3－20 不同层次的情境结构化模式

三、结合案例，从试题四要素谈谈素养立意试题编制的思考

第36题命题举例：

【例1】 阅读图文材料，完成下列要求。（20分）

材料一：河南省灵宝市地处优质苹果生产带，属温带季风气候，气候温和，昼夜温差大，光照充足，雨量适中。灵宝市地貌特征为“七山二塬一分川”，山区丘陵面积

大，土层深厚，土质肥沃，土壤有机质含量1% ~1.5%，苹果产区海拔800 ~1 200 米，昼夜温差大，光照充足，紫外线强，雨量适中，地下水源丰富，是苹果生产最佳适生区。灵宝市地处河南、陕西交接区域，秦岭以东，气候湿润，故而灵宝苹果拥有着可以与山东苹果相媲美的品相。

灵宝苹果的栽培历史，清代县志有记载。近年来加大科技投入，使得灵宝苹果产量和质量有了很大提高。灵宝市境内铁路、公路、水路兼备，形成了四通八达、纵横交错的交通运输网络。苹果销往全国各地或出口到十几个国家和地区。近年来，灵宝市投巨资筹建电子商务平台和信息网络系统，使其苹果市场向国际化迈进。

材料二：河南省行政区划图和河南省地形图（图略）。

1. 分析河南省灵宝市种植苹果有利的自然区位条件。(8 分)

2. 该地区过度种植苹果对当地生态环境可能产生的影响。(6 分)

3. 说明依托灵宝苹果发展相关产业对灵宝市产生的经济效益。(6 分)

Ⅰ情境

从情境要素看，素材直接给出了该区域的农业区位条件，缺少情境化的处理，带来的问题是第 1 小题的考核效度不高，因为试题编制的首要着力点就是“情境”。通过创设“新情境”，体现高质量公平。米歇尔认为：“效度是在最大的不相同的情境下的一致性程度。”考生通过理解、建构并简化情境，体现素养。

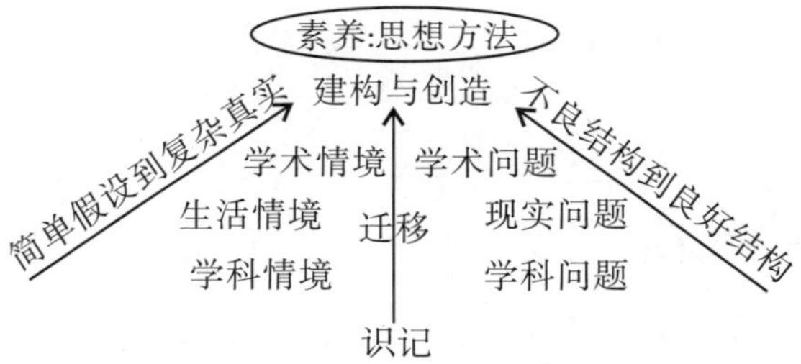

图 3 – 21　素养立意试题框架示意图（吴儒敏）

图 3 – 21 为素养立意试题框架，通过创设隐含问题、适度复杂、淡化学科痕迹的真实情境，重在考查学生识别问题的能力，设计融入情境、梯度合理、遵循学科逻辑的问题链，重在考查学生问题阐释的能力；配置紧扣问题、跨学科、适度超前的跨界知识，重在考查学生获取新知的能力；呈现支持建构、供给及时、多元互补的信息链，重在考查学生运用证据的能力。

因此，情境创设的具体建议主要有以下几点。

一是拓宽素材来源渠道，不局限于学科教材和文献。高考命题素材的选取来源，从最初的教材内容和图表到地理核心期刊、大学教材等，再到学术期刊、硕博论文、时政新闻等方面，以体现学术性、研究性、学科前沿、社会热点。

二是材料加工注重“鲜活”，避免过度“学科模式化”。如例 1 中宝灵市苹果种植的区位条件，基本上未做情境化处理，而是直接给出了学科化自然区位中的气候、地形、土壤和水源四个条件。

三是信息注重给予“支持性”，避免把学生当作学科专家。如学生对小麦、水稻、棉花等作物的生长习性较熟悉，但对茉莉则不然，那么在素材中就要有所体现。

下面我们比较2016年全国I卷36题的情境化素材：

36. 阅读图文材料，完成下列要求。(24分)

茉莉喜高温，抗寒性差，25℃以上才能孕育花蕾，32～37℃是花蕾成熟开放的最适温度。喜光。根系发达。生长旺季要求水分充足，但土壤过湿不利于其根系发育。开花季节，于天黑之前采成熟花蕾，花蕾开放吐香时间从20时左右至次日10时左右，是将茶叶染上花香、制作茉莉花茶的最佳时间。

广西横县种植茉莉花历史悠久。改革开放后，茉莉花茶市场需求旺，横县开始扩大茉莉种植规模。1983年，在广西首次举办的茉莉花茶评比中，横县茉莉花茶一举夺魁。至20世纪90年代，我国茉莉花茶生产重心开始从东南沿海地区向横县转移。2000年，横县获“中国茉莉之乡”的称号。目前，横县的茉莉鲜花和茉莉花茶产量占全国总产量80%以上，占世界总产量60%以上。

通过比较，可以看出，高考试题给出的情境化素材信息是经济作物的生长习性，即给出非地理学科的信息，考核的是我们本地理学科的专业知识（即区域气候条件的分析）。而例1“灵宝市苹果种植”一题，素材直接给出了我们学科专业的区域农业区位优势，而考核的内容也是分析有利自然区位，这样一来，就会导致题目的效度不高，而且可能会产生“其他区域种植苹果会更好吗?”这样的疑问。

因此，要实现素养立意命题，就要在书面条件下创设源头真实、适度复杂、信息适切、淡化学科痕迹的情境，设计学生在短时、封闭、书面条件下可答的融入情境、指向明确但结构不良的问题，并紧扣核心素养关键表现编制等级明确、边界清晰、包容性强的参考答案和评分标准。再看一例命题：

【例2】阅读图文资料，完成下列要求。(24分)

材料一：河北省唐山市的迁西县被称为“中国板栗之乡”，至今已有2 000多年的栽培历史。迁西板栗外形玲珑，肉质细腻，甘甜芳香，营养丰富，驰名中外。目前，全县板栗栽培总面积已达55万亩，出口1 000万公斤，占全国出口总量的三分之一。

材料二：板栗属于喜光、喜暖的落叶阔叶树种，适宜生长在排水良好的向阳山坡上，不耐低温。一般五六月为开花季节，七八月成果，九月果熟，十月下旬树木落叶进入休眠期。花期忌雨，成果期需要充足的雨水。右图示意迁西县的气候特征。

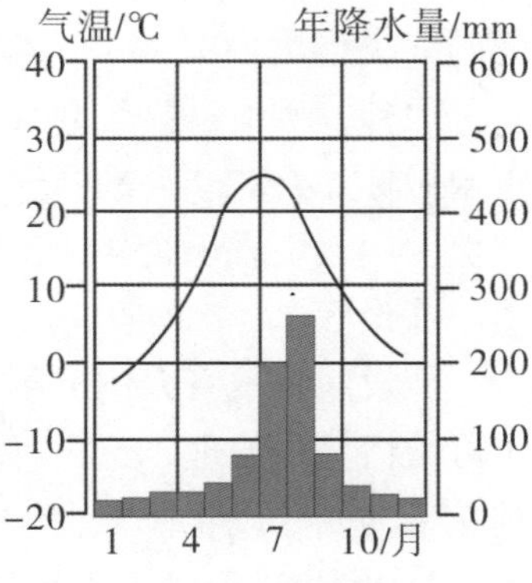

迁西县气温曲线和降水柱状图

材料三：随着这些年板栗的热销，迁西县的传统生产方式已经不适应市场经济发展的需要。以农户为单位的生产规模小，缺乏龙头企业，且以生果的生产为主，质量参差不齐等这些问题比较突出。当地政府邀请相关专家调查研究，为出台板栗产业扶持政策提供咨询意见。

1. 根据材料一，说明迁西县获得“中国板栗之乡”美誉的原因。(6 分)

2. 从气候条件分析迁西适合板栗生长且品质高的原因。(10 分)

3. 若你是被邀请的专家，请你为迁西县板栗产业可持续发展提出合理的措施。(8 分)

从上可以看到，例 2 给出的情境化素材同样是经济作物（板栗）的生长习性，做到“源头真实、适度复杂、信息适切、淡化学科痕迹”，迁西板栗是我国获得地理原产地标志的农产品，题目材料没有偏离大多数学生的生活经验，并以此为切入点，考查农业的区位和农业发展的条件、问题和可持续发展的方法与途径等地理学主干知识。同时也切合了当前我国新农村建设和特色小镇建设的城乡发展新阶段，体现了时代性。

从材料一逐一解读和应用，第 1 小题不难得出答案。从“至今已有 2 000 多年的栽培历史”得出“种植历史悠久”；从“迁西板栗外形玲珑，肉质细腻，甘甜芳香，营养丰富，驰名中外”得出“板栗品质高，知名度高”；从“目前，全县板栗栽培总面积已达55 万亩，出口 1 000 万公斤，占全国出口总量的三分之一”得出“生产规模大，出口多”。学生易摘抄材料，而不用学科化的语言进行总结，本题考查了学生“获取和解读地理信息”的能力。

第 2 小题要求从气候条件进行分析，而气候一般从光照、热量、降水三个方面进行分析，再以作物（板栗）的习性进行匹配，分析材料，不难得出答案。本题的难点在于学生易套用模板，而不结合具体材料，从板栗的整个生长季的气候特征进行分析。还有的学生可能会回答气候之外的其他因素。本题主要考查了“调动和运用地理知识、基本技能”“描述和阐释地理事物、地理基本原理和规律”的能力。

第 3 小题考查农业发展的问题与可持续发展，可以借住已学过的东北农业的可持续发展进行知识迁移，再结合材料三，进行答题。本题难度中等，学生从问题可以推导出可持续发展的措施，但语言组织是一个难点，从而考查了学生“论证和探讨地理问题”的能力。

另外，例 1 素材信息多处重复，没有做结构化处理，对最重要的信息“宝灵市”也未做标注，对苹果的标注方式也值得商榷。因此与例 1 相比，例 2 的命题质量无论从信度、效度，还是从区位度上说，无疑都要高一个层次。

Ⅱ设问

从设问要素看，例 1 第 2 小题没有给出行为动词，设问方式值得推敲；设问本身也可做情境化处理，这样可以做到素材与问题的统一。如 2016 年全国 I 卷 36 题横县茉莉花茶的问题设置如下：

2. 横县地形以河流冲积平原为主，茉莉主要种植在平原地势较高的旱地上。试解释冲积平原地势较高的旱地有利于茉莉种植的原因。(8 分)

3. 目前横县县城集聚了 100 多家茉莉花茶厂。分析横县县城集聚众多茉莉花茶厂的原因。(6 分)

从以上两小题的设置可以看出，问题给予了充足的前置条件，并对作答范围做了限制。甚至设问环节，也加入了情境设置，这样就使得素材与设问过渡自然。

另外，设问时问题的设计要符合小切口、大纵深的特点。例 1 中第 1 小题："分析河南省灵宝市种植苹果有利的自然区位条件。"就不符合这个特点，问题切入大，反而不利于纵深思考，但 2016 年全国 I 卷 36 题第 1 小题就明显不同："与江苏、浙江相比，说明横县有利于茉莉生长的气候条件。(6 分)"，这个问题切口小，只考核气候区位条件，但纵深强，因为前置了"与江苏、浙江相比"的条件。

不仅如此，对综合题的几个小题的设置，往往要有前后的联系，符合思维的逻辑链接。如 2017 年全国 1 卷高考题 37 题：

1. 确定该苔原带遭受干扰的坡向和部位，以及干扰强度的垂直分布特征。(6 分)

2. 判断在未遭受干扰时，阴坡与阳坡苔原带植物多样性的差异，并说明判断依据。(6 分)

3. 分析与阴坡相比，苔原带阳坡地表温度和湿度的特点及产生原因。(6 分)

4. 说明从 2 300 米至 2 600 米，阴、阳坡植物多样性差异逐渐缩小的原因。(6 分)

此题共 4 个小题，环环相扣，上下联系，层层追问。以"地理科考队调查某山峰的阴、阳坡植物多样性差异"为主题，结合图文信息，探讨四个层次的问题。由于考生这方面的地理实践力欠缺和选取材料的学术性及专业性过强，考生应答此题的难度较大。对考生的阅读力、理解力、想象力及图文信息应用的思维转换能力要求较高。

研究区域地理问题方法的常见逻辑链条有：概况规律—分析原因—预测趋势；说明现象—分析原因—推测影响；归纳要点—比较异同—分析原因；描述特征—分析原因—说明影响；分析原因—说明危害—提出措施等。这样可以呈现支持建构、多元互补的信息链，以考查学生运用证据的能力。下面再举一例。

【例 3】阅读图文材料，完成下列要求。(24 分)

安集海河发源于天山山脉，它从天山北坡滚滚而下，像一把利刃，切穿了高峻的山脉和平缓的山前丘陵，形成一条"色彩瑰丽、阶地密布"的安集海大峡谷，当地人又称红山大峡谷。

安集海大峡谷近乎垂直的崖壁并非坚硬的石质，而是砂石与土的结合体，斑斓的色彩来自不同地层的泥岩、粉砂岩和砂岩。在河流的不断冲刷作用下，峡谷两侧崖壁也不断崩塌，导致河谷越来越宽，横切面趋向于"U"字形。辫状河流在宽阔的"U"形谷里"任性"流淌。河谷冲积扇规模宏大，以伞形向北张开，开阔的河漫滩上，卵石巨砾直铺天际。

多年来，安集海峡谷周边一直是牧民放牧的乐园。安集海峡谷地下还储藏着丰富的煤炭资源，于是外来的煤矿挖掘机打破了昔日的宁静。在采煤区，峡谷内的山路呈现出煤黑色，这种黑色与两岸峡谷红层底色形成了鲜明对比。

安集海峡谷示意图

安集海峡谷局部景观图

1. 简析安集海大峡谷“色彩瑰丽、阶地密布”形成过程中主要的地质作用。(8分)

2. 结合安集海河的水文特征分析安集海峡谷多辫状河流的原因。(10分)

3. 请你提出当地经济可持续发展的合理建议。(6分)

考试中心权威发布“一体四层四翼”，“四翼”显示了高校选拔人才的能力要求，通过明确“基础性、综合性、应用性、创新性”四个方面的考查要求，回答了“怎么考”的问题。而“四层”是考查目标，其中的“学科素养”包括人地观念、区域认知、综合思维、地图技能、地理实践力等方面。所谓地理实践力，一是指人们在考察、调查和模拟实验等地理实践活动中所具备的行动能力和品质，二是指在真实情境中利用地理知识和地理技能，感悟、分析、理解人地关系，学以致用，是基本的活动经验。

而本例的问题设置，如果稍加修改，则可以更好地考查地理学科核心素养。

将“简析安集海大峡谷‘色彩瑰丽、阶地密布’形成过程中主要的地质作用。”改为：“简述安集海大峡谷‘色彩瑰丽、阶地密布’的形成过程并指出其地质作用。”

将“结合安集海河的水文特征分析安集海峡谷多辫状河流的原因。”改为：“结合安集海河的水文特征分析安集海峡谷多辫状河流的成因。”

将第3问的问题变为：“河流两侧的形态，一边陡峭，另一边阶地分布规则，只有部分不完整，试说明原因。”

这样的问题链条，符合“纵深到底问方尽，不挖到底题不休”的特点。

Ⅲ作答

从作答要素看，例3第2小题的设问“结合安集海河的水文特征分析安集海峡谷多辫状河流的原因。(10分)”作答如下：

色彩瑰丽是来自不同地层的泥岩、粉砂岩和砂岩所致，多为沉积岩，两岸的崖壁不断被河流侵蚀后又堆积在河谷，所以其主要外力作用是流水侵蚀（2分）和流水沉积作用（2分）；阶地密布主要是由于地壳不断抬升（2分），河流不断下切（侵蚀）和堆积形成（2分）。

但是，这样仍然有些模糊的地方尚解释得不完整、不透彻。其中的成因，是阶段性的地质抬升与河流的下切相互作用，在河谷两岸形成了蔚为壮观的多级河流阶地。这种构造，反映了多次地壳抬升、河道下切。由于河流切割新生代地层，后期的构造运动又使得山体不断抬升，于是河流频繁下切抬升的地层，逐渐在峡谷两岸形成了广泛分布的多级河流阶地。鉴于高中阶段专业知识的局限，因此，命题者需在文字素材信息中添加“不同地质年代，由于气候、沉积条件不同，地层呈现不同的颜色”，以增加信度。

这样，根据设问，答案要素如下：

不同地质年代的地层因沉积环境及古地理环境的差异而颜色不同，其形成远早于峡谷的形成年代，后来经过河水切割和侵蚀，让峡谷内部岩层丰富的色彩出露，使河流崖壁色彩纷呈（2 分）。岩层经风化，在下方形成许多粉末状的颗粒，河水经过时，就会将有颜色的颗粒带走从而形成不同色彩的河床（2 分）。多次阶段性的地质抬升与河流的下切相互作用，河流在相对稳定时期，以侧蚀为主，使河道展宽（2 分），因此河流在频繁下切抬升的地层的同时，逐渐在峡谷两岸形成了广泛分布的多级河流阶地（2 分）。

总之，作答应能体现分析和解决问题的思维过程，克服评卷踩点给分和评分趋中性过强等不足，更好地反映考生思维品质的差异，在考查素养目标包括综合思维和地理实践力（科考调查、信息分析能力）的同时，提高能力考查的效度。

好的试题，往往给人耳目一新、眼前一亮的感觉，究其原因，一是题材新，二是命题角度好，设问巧妙。这是我们所有地理教师都想达到的一种境界。可命制这样的试题并非易事。如何在日常当中捕捉到有价值的情境资料？这就要求命题者利用课余时间多翻阅大学教材、相关的报刊，有条件的还可以利用大学图书馆资源，查阅网上期刊，以及多留心身边的地理现象和热点新闻等。

Ⅳ立意

对于立意，下面从一组选择题的出题立意来探讨：

【例 4】近期，贵州设计师石昌鸿用字图结合的方式，设计出中国 34 个省市的名字，惊艳了网友们，他的作品在网上被转发上千万次。下图是他创作的其中一张作品。据图回答下列各题。

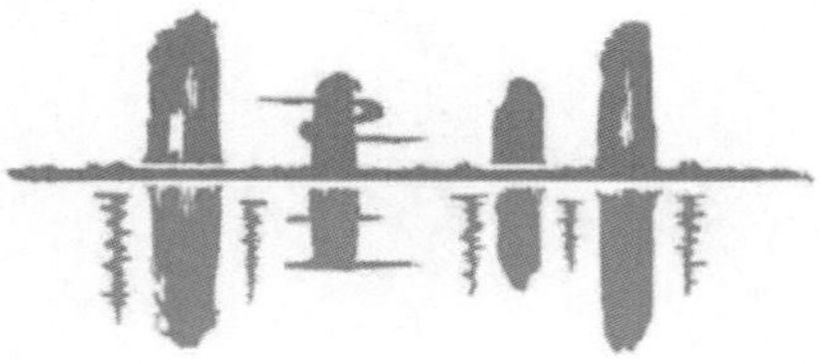

1. 作者利用了该城市的特殊地貌创作了此作品，下列说法正确的是（　　）

A. 该特殊地貌的成因主要以侵蚀作用为主

B. 该特殊地貌主要分布在温和湿润地区

C. 该特殊地貌的岩石与花岗岩有关

D. 该特殊地貌区土层深厚

2. 下列地貌形态最可能出现在该城市的是（　　）

A. 石笋　　B. 风蚀柱　　C. 冰斗　　D. 海蚀柱

3. 下列哪种现象与该城市相符（　　）

A. 植被属于温带落叶阔叶林　　B. 油料作物以油菜为主

C. 每年受热带气旋影响大　　D. 易出现土地盐碱化现象

教育部考试中心主任姜钢认为，高考承载为国选人育人的重大使命，地理试题立足将中华优秀传统文化融入背景材料，使传统文化具体化。2017 年高考文综全国Ⅲ卷 1 ~ 3 题以中国传统文化艺术形式——剪纸为载体，通过人文景观去考查背后蕴含的地理特征、地理过程，最终落脚到和谐共生的人地关系。而本题显然也力图实现这一使命，因为文字是最具有中国特色的一种符号，书法也是中华文化传统的瑰宝，当然该题的问题设计难度稍偏简单。

因此，根据学科特点，命题时可选取体现社会主义核心价值理念的试题材料创设问题情境，反映中国特色社会主义经济、政治、文化和法制建设成就，弘扬以爱国主义为核心的民族精神。加强对文言文阅读、古诗词鉴赏等中华优秀传统文化的考查，从积极、正面的角度设计合适的考核点，引导考生正确理解试题背后呈现出的价值取向，促进品德修养的提高和养成。

选择题作为地理高考的基本题型之一，具有设问明确、知识覆盖面广、作答简便、评分客观，有利于考核考生的知识和能力水平等方面的优点，命题者为了减少考试得分的偶然性，提高考试的可信度和区分度，命题时一定会考虑并提高选择题的迷惑性。命题时常见的质疑方法有混淆概念、以偏概全、表述绝对化、误联因果、变式迷惑、无图考图、隐含信息、前后矛盾（正误同项）、支不符干及新名词、新术语的干扰等。

在与时政地理有关或能反映地理研究新成果的试题中，往往会出现一些新名词、新术语或陌生地名，而它们增加了试题的难度和迷惑度。该题便属于此类，这里提到的新名词（术语），是指教材中未涉及、考生基本上没接触过的名词或术语。目前的高考以素养立意，因此常常借用一些新名词或新术语来作为命题的情境考核考生接受新知的素养。命题者在设计本题时就赋予了明确的解题信息。

大数据助力地理教学评价

2020年10月13日中共中央、国务院印发《深化新时代教育评价改革总体方案》，引导全社会树立科学的教育发展观、人才成长观、选人用人观，引导教育回归学生的整体发展，关注学生发展起点、重视发展过程、关注评价的反馈性、关注评价促进教学、增值教育的作用。珠海市教育研究院通过二十层回归分析方法，加强对各学校的增值评价，数据精准分析到备课组、到班。学校在完善立德树人落实机制情况下，作为地理学科教师，要健全潜心育人的评价制度，构建促进学生全面发展的多元评价机制，以大数据精准到每一位学生。

《课标》提出要深化信息技术应用，“要借助大数据、人工智能、‘互联网+’等信息技术的学习”，“借助信息技术，教师还可以改变评价方式，使评价更有针对性、即时性、互动性，更好地发挥评价对学生个体指导的作用”。在有条件进行基于信息技术和虚拟现实技术的教学时，建议考虑“尽量发挥移动设备和云平台的优势，体现‘因材施教’。教师可以利用平板电脑等移动设备和网络即时交流工具及时了解学生学习情况和存在问题，再开展针对性教学”。

在高中地理学习中，对学生进行正确的评价至关重要。而如何进行评价是教师应该思考以及重视的问题。通过软件的强大数据采集功能，对高中地理学生进行大数据分析，并根据数据做出科学合理评价，显得势在必行。

一、掌握评价是高中地理教师专业的必备素养

教学评价是依据教学目标对教学过程及结果进行价值判断，并为教学决策服务的活动。教学评价与教学过程关系密切，是地理教师必备素养。优质教学评价总是渗透于地理教学的全过程：课前、课中、课后、单元、学期、毕业等环节。华东师范大学的崔允漷教授就呼吁教师应先学会评价再学习上课。

李家清教授认为，评价不是为了证明，而是为了改进。评价设计应先于教学设计，这是基于标准的一个基本理念：知道学生的基础，也符合最近发展区理论。评价能力是优秀教师的分水岭，要改变研究测试试题几乎成为评价研究的全部的现状。

教育部2018年印发的《教育信息化2.0行动计划》提出，到2022年要基本实现

“三全两高一大”，即：教学应用覆盖全体教师、学习应用覆盖全体适龄学生、数字校园建设覆盖全体学校，信息化应用水平和师生信息素养普遍提高，建成“互联网 + 教育”大平台。在“互联网 + 教育”环境下，教师教学决策依赖于通过平台收集的大数据，因此提高教师的数据素养至关重要。

二、掌握评价是高中地理课程改革推进的要求

《课标》中有关地理教学评价内容的要求与此前的课程标准比较，有许多发展。加强、加大地理教学评价的改革力度（如学业质量水平等是首次提出），是新课程标准的重点、难点和亮点，它是地理课程改革推进的要求。掌握评价，是地理教师落实地理核心素养培养的关键能力，成为保障高中地理课程改革的重点所在。要领悟地理课程标准的教学评价理念、落实地理课程标准各模块学业要求、重视地理课程标准的思维结构评价、实行地理课程标准中的表现性评价。

三、用大数据分析助力教学评价

使用大数据平台通过全场景过程性动态数据采集，构建以学习者为中心的学业评价体系，充分挖掘数据价值，让教师的教学更有针对性，促使教师更有效地指导学生提升学习效果。

1. 利用大数据便于更高效掌握学生的学习状况。

数据采集更便捷、可靠、精准，用平台强大的数据采集功能，可以直观了解学生的互动情况、学习情况、考试情况等各种横向与纵向的具体数据。传统数据的采集方式相对来说更多地体现在学生群体的整体水平与个体之间的比较，更倾向于学生横向的比较，而对学生个体的纵向分析相对缺乏，而大数据通过借助软件平台发布练习、测试、试卷答题卡扫描、手机阅卷扫描收集到的数据去关注学生在学习过程中的各环节的表现，以及历次试卷作答情况、历次主观题批改情况、历次成绩波动情况、历次错题整理等学习档案。软件平台的数据展现形式简洁、直观、清晰，因此大数据平台不但让教师可以关注年级、班级学生的群体水平，而且也可以做到较为精准掌握学科薄弱学生的学习情况。

例如，利用智能平台得出班级总体水平、优秀率、及格率等班级成绩统计数据，以及这些数据在群体中的位次，通过这些统计数据，及时发现不同类型的学习群体中的优秀档临界生、及格档临界生和学困生，然后便于根据数据，找出原因，再制订相应辅导策略。

2. 利用智能评价资源，追踪提升效果

利用平台大数据能够及时根据学生的薄弱点，更高效地进行组卷、编制练习。软件平台功能强大，操作性强，辅助教学便捷。在教学中具有批改操作可行、简单方便

的优点，在对试题进行详细分类的基础上还能为每一位学生每次对知识点的掌握程度提供相应的数据，把学生学习的优势与存在的问题，通过数据形式展示给教师，为每一位考生生成错题题库。教师可以针对学生在地理考试中出现的薄弱知识点进行命题，强化学生对这部分知识的理解。教师在组卷时针对性也更强、操作更易、选题更准，教师可以轻松制作试卷进行练习。

在试卷讲评或在学生进行针对性练习之后，教师可以在教师端上使用智能组卷的方式，围绕关键问题为不同学生快速制作追踪测试卷，也可利用精准测中的追踪测试试卷来检测教学与练习的效果，为后续教学调整提供信息指导。具体程序如下：

查看考题与考点掌握情况，精准定位问题—海量题库不断更新，针对考试薄弱点智能组卷—生成考后提升试卷—考后巩固提升。

3．应用智能学习材料实现教学评一体化，利用大数据分析改善学生的学习方式

AI 精准测与精准练可以做到在大体量学生学业数据逆向教研的成果基础上，为学校定制符合学校学情、匹配教学进度的测验和基于过程性学业诊断、参照动态分层学业画像的精准练习。AI 精准测与精准练既基于学校评价数据又超越学校自身经验，与学校教学工作深度融合，同步教学、考前和考后不同场景，帮助教师更精细地诊断学情、调整教学设计；帮助每一个学生以科学的训练方式来学习适切的内容、小步快跑逐级提升。构建教学评一体化闭环，助推教学生态的升级，促进学生的个性化提升。通过 AI 阅卷和分析数据的系统，实行快速扫描阅卷，通过比对前后成绩的变化，以及横向对比其他同学的差异，总体把握不足，为诊断学生学习问题提供便利，更容易为个人“把脉”，及时对标施策，为地理教学评价服务。

教师通过数据平台，在作业中心布置练习或者进行测验。利用平台分析学生知识的薄弱点，再运用系统智能推荐给每个学生不一样的练习题，这样班级每一位学生就有了有针对性的学习资源并实时监控学生的完成情况。这种循序渐进的试卷讲评课，有利于学生主体性的发挥与能力的提升。另外平台还可以把历次考试的错题都整理出来，同时标注知识点，知识体系中哪里有漏洞一看便知，还可以导出打印，经常看错题、分析错误，就可以避免重复出错。

综上所述，借用大数据平台对高中地理学生进行大数据分析诊断，可以很好地了解学生的学情以及知识点薄弱情况，并为学生提供纵向的历次成绩对比，让学生清晰地了解自己的情况，能充分促进精准高效的教学评价。

基于实施新课程新教材的地理评课

积极参加评课活动，对于提高中学地理教师的教学水平具有重要作用。首先，通过交流与互动，可以了解中学地理课堂教学改革的新风气；其次，参与评课活动，可以对中学地理课堂教学进行诊断，激励地理专业发展；再次，可以对中学地理课堂教学的实践进行理性分析，从而进行教学研究；然后，可以促进中学地理课程标准的落实及地理课堂教学水平的提高；最后，可以对中学地理教师的课堂教学水平进行评价和考核。评课的角度一般包括教学基本功、教学标准、教学内容、教学组织、教学技术、教学效果、教学环节等，角度不同，评课的侧重点有别。

从课程标准的角度进行评课，着眼点比较高，要求评课者对课程标准和教材内容比较熟悉，能够将执教者实际的教学内容与课程标准进行比较。如果从这个角度进行评课，参与评课者应该在听课前，对课程标准进行熟习与研讨；在听课时，身边要备有课程标准摘要；在评课时则要回顾一下有关的课程标准，让参加评课的教师有所共鸣。

一般情况下，执教教师不会照搬照抄课程标准来作为自己的教学目标，往往根据课程标准、学生状况、教学环境、自己对教学资源的组合及对教材的处理来制订具体的课堂教学目标，这也是教师智慧和创造能力的表现。

如果有的执教教师事先没有准备教学目标，评课教师也可以与执教教师进行前期沟通，让评课教师更好地理解执教教师的意图，便于大家交流。

广东省普通高中实施新课程新教材示范课“河流地貌的发育”评课稿（节选）

刚才观摩了两节实施新课程新教材的示范课，这两节课亮点纷呈，闪烁着珠海市作为广东省普通高中实施新课程新教材示范区地理教师的智慧光芒。笔者也通过观摩以上的课例，获益良多，深受启发。

可以肯定的是，这两节课都是很好地体现新课标新理念的优秀示范课。

1. 对“河流地貌的发育”（第1课时）课例的点评

本节课通过探寻校园中的“河流地貌”、借助“图新地球”软件了解珠江不同河段的河谷形态，拓宽了信息技术工具的运用，以及乡土资源网络和校本资源的利用等，培养了学生地理实践力。通过“突破微专题”的环节，抓住力对地表形态的作用，从时间和空间两个角度引导学生认识其随着时间的推移，在力的作用下，同一地点和不同地点地表形态的演变，让学生深入分析河谷的演变过程、曲流的发育过程、冲积平原的形成过程，培养了学生的综合思维能力和描述形成过程的关键能力。

亮点突出：非常合理地处理好了选择性必修 1 与必修一教材内容的关系，从内容上看，“河流地貌”内容有重复的部分，必修一第四章地貌“常见地貌类型”也包含了河流地貌，但课标要求不同。必修一的教学目标和要求是：通过实地观察或运用视频、图像等资料，辨识河流地貌，描述景观的主要特点。而选择性必修 1 的教学目标和要求是：结合实例，认识河谷在不同发育阶段的地表形态特点、认识不同河段冲积平原的形成原因和特点。而本节课既注意到了两本教材知识的整合，又能做到教学重点的不同。本节课的教学设计是合适的，避免了简单的重复，又做到了在原有基础上基于单元设计的拓宽。

因此，本课例基于单元设计的高度去思考和构建，可以说为大家做了一个范例。

一点思考：注意对不同的空间尺度下地貌形成的把握。如校园河流（溪谷）地貌的微型景观的形成，与大空间尺度的河流冲积平原，在形成机制或原理上虽有相似之处，但又不能完全等同，学生要注意区别。校园不可避免地受人为因素影响，在分析时还要注意人类活动干扰下对地貌形成的影响。如溪谷的谷底和两岸水泥固化，使岩性因素对流水侵蚀的影响就会减弱，学生也要能识别。

2. 对“河流地貌的发育”（第 2 课时）课例的点评

这节课以《地理·中国》之《“蛇曲”幻影》视频引入，通过设置情境问题链，分析“蛇曲”形成的作用力、过程及成因，从而让学生自主探究，掌握新知，培养了学生的综合思维能力。然后承接这一区域的情境，设置问题，让学生思考、讨论和分析该区域三个村庄的发展条件，从而深入思考河流地貌对聚落分布的影响，培养了学生的区域认知和人地协调观。接着继续从精准扶贫政策让伏义村农民脱贫致富，培养了学生的人地协调观，通过思政育人，落实了地理课程“立德树人”的根本任务。最后教师画龙点睛，指出“从空间看待一切是地理学的根本思想方法”，从认识和学习的“方法论”上提升学生地理学科的关键能力，整节课的问题设置“小切口，大纵深”，层层递进，通过完整的思维链，让学生构建了相对完整的知识结构。从而很好地落实了新课程的核心价值观。

亮点一：教师充分收集和利用网络资源，极大地丰富了课程资源，很好地落实了《课标》的“实施建议——重视问题式教学和深化信息技术应用”。实现了信息技术从以前重在制作演讲稿到现在重在网络资源案例的收集的转变；而且做到情境不只用于导入新课，而是在整节课中都通过这一情境，向纵深培养学生的地理思维能力。

亮点二：教师把大量时间让位于学生，通过情境式问题链，让学生深度思考，鼓励学生自主构建、交流讨论和发言，实现了从“教师的教”到“学生的学”的重要转变，以学生为主体，完全符合新课程的理念。教师设计能够反映学生思维结构、具有开放性的问题，让学生回答问题的思维过程可见，改变了只关注孤立“知识点”或单一的“正确”结论，拓展到关注学生对地理问题的完整认识过程。在教学中给了学生充分表达看法的机会，使学生地理思维过程和真实状态外显。更好地掌握学生思维发展程度，也更关注教学的过程性评价和表现性评价。通过小组讨论、交流和合作，教师通过观察，了解学生的学习态度 、协作的意识，通过师生的对话，掌握小组交流的成效，对学生高层次学力状况的“思考能力、判断能力、表现能力”有了更充分的了解，为后面的教学提供了调整的依据，为构建高效课堂提供了可能。

一点思考：对学生的回答，教师除了做更精炼的归纳外，还可以对学生的回答给出合适明确的评价。如“自主探究获知”环节中第 1 个问题即“塑造延川蛇曲地貌的地质作用主要是内力作用还是外力作用？具体是以哪种内力或外力作用为主?”，有同学认为是“内力”，具体的作用力是“受地转偏向力和流水的侵蚀堆积作用”。教师可以抓住这个难得的“课堂生成”机会，继续追问：“你觉得是内力作用，你判断的理由是什么?”“如果是内力作用，那为什么具体是侵蚀和堆积呢?”，以此让学生说出判断的依据和思维的过程，这样做，既可以纠正一些学生认知上的误区，也可以让学生更深入、更开放地接受不同的观点，从而更好地培养学生的思辨能力。

蛇曲主要有两种类型，一种是主要形成于宽广、开阔的地区的自由蛇曲（迂回蛇曲)，这些地区河谷宽阔，河流切割不深，河床较浅，并且不受河谷的约束，能较自由地迂回摆动。另一种是嵌入式蛇曲，是自由蛇曲形成后，地壳发生快速隆升，向下侵蚀的河水将隆起的基岩侵蚀切割，最终隆升的地壳形成山地，而蛇曲则保持原形，嵌在山谷之中，这样，就形成了深切于基岩之间的峡谷型嵌入式蛇曲。对课堂呈现的第 3 个问题“结合视频内容和所学知识，试分析黄河延川河段蛇曲地貌形成的主要原因”。从视频上看，“延川县黄河蛇曲群的形成过程是①岩层东西向断裂发育→②河流沿裂隙侵蚀形成河湾→③地壳受内力作用抬升→④河流下切侵蚀使河床下降。

通过大家的讨论，进一步清晰了该区域蛇曲的成因，既可温故，更能知新。

综上，以上两节课都很好地体现了“双新”理念，是不可多得的示范课例，值得地理同仁学习和借鉴。

通过参与评课，可以使地理教师从自己的小空间里走出去，吸收不同的观点，关注课堂教学改革，对自己会有所启发。听别人的评课，有时候会有“听君一席言，胜读十年书”的感悟，“他山之石，可以攻玉”，分析同行课堂教学的得失，也是自己的一次反思和提高。

第四部分　反思与发展

大胆推测，小心求证
——广佛肇地区研学实践与反思

高考新政的实施，在倒逼学校探索新型地理教学形态。自2016年广东省开始使用全国高考地理试题以来，自然地理便成为试题的重要组成部分，同样也是难点内容。针对这个问题，中学地理教学应该采取什么破解策略？笔者认为，研学旅行的开展是应时代所趋，是提高教学质量的方法之一，也是提高学生地理实践力的有效途径。

自2016年11月，教育部等11部委发布《关于推进中小学生研学旅行的意见》以来，“研学旅行”渐成流行。2018年2月，广东省教育厅发布的《推进中小学研学旅行的实施意见（征求意见稿）》中也提出，要将研学旅行纳入学校教育教学计划，且每学段不少于2次。研学旅行开始受到社会各界的广泛重视，发展迅速。相对其他学科而言，地理学科从课程内容和学科核心素养的培养都与研学旅行有较高的契合度。中学地理教师既是研学旅行课堂的学习者，同时也是活动得以推广实施的设计者、组织者和评价者，这对中学地理教师提出了新的要求。

为了让珠海市中学地理课堂尽快开展研学旅行活动，促使地理教师成为中学研学旅行的中坚力量，珠海市教育研究院地理教研中心于2018年组织了部分高中地理教师参加广州、肇庆、佛山为期三天的野外研学考察活动。

考察路线和行程包括广州南沙滨海公园、龙穴岛、十八罗汉山，以及珠江三角洲海平面变化及侵蚀地貌考察；佛山南海西樵山火山地貌考察；肇庆鼎湖山植被考察。

本次研学的特点是：①路线设计合理，研学内容丰富；②考察安排周密，后勤保障无忧；③专家学识渊博，擅长科学引导；④成员分工明确，善于协作学习。

一、研学实践对课堂教学和高考备考的启发

在课堂教学中，我们会讲授到岩石的分类，也会呈现一些图片给学生熟悉常见的岩石种类。但即便是我们教师走到并不熟悉的野外，面对随处可见的陌生岩石，判识各类岩石也是面临不少难题。那么如何才能较好地掌握这方面的技巧？

通过这次考察，以广州南沙滨海公园天后宫附近废弃采石场为例，我们向专家学习了岩石的判别方法：

第一，最关键是先掌握一些常见的造岩矿物。

第二，用简易排除法大致判定岩石的类型。首先在判定岩浆岩的过程中，可通过有无明显结晶来判定是否为侵入性的岩浆岩，有无气孔结构来判定是否为喷出型的岩浆岩；接着看有无碎屑物来判定是否为沉积岩；最后根据有无重结晶和定向排列判定是否为变质岩。

学习方式和课堂形态的变革彰显着研学旅行突出学生问题解决能力的培养这一旨趣。研学旅行恰是对传统教学方法的突破，为学生提供了一个体验交流的平台。研学旅行是综合目标、综合手段、综合知识的融合，将部分弥补传统学校教育分科学习带来的弊端，促进学生问题解决能力的发展。

人民教育家陶行知先生说："没有生活做中心的教育是死教育。没有生活做中心的书本是死书本。"字里行间透视出生活与教育及人的发展之间的关系——教育是基于生活并为人的健康生活和有意义的生存护航的。

例：2018 年全国 1 卷第 8 题：推测该河段所在区域的地壳经历了（　　）

A. 持续下降　　B. 持续抬升　　C. 间歇性下降　　D. 间歇性抬升

本题通过总体情境创设，考查考生理性综合分析能力。推测的依据有三：一是图文材料的信息；二是已有知识和技能；三是根据已知推测未知。本题推测思路如下：

由平坦面有砾石堆积推测以沉积作用为主，此时地壳稳定。而平坦面之间区域落差大，推测以侵蚀作用为主，此时地壳抬升，河流下切作用强。而河流两岸分布着不同海拔的四个平坦面，由此推测该区域经历了间歇性抬升。故选 D。

通过本组高考试题引发我们思考：真实自然情境下的地学考察，由于不带学科痕迹，让学生最大限度地调动综合知识进行分析和推理，可以提高学生运用必备知识，提升综合思维和关键能力。

在 2018 年高考前，珠海市举行了年度命题比赛，其中就出现了关于"河流阶地"的一组好题（珠海市实验中学夏礼财老师提供），摘录如下：

安集海河发源于天山山脉，它从天山北坡滚滚而下，像一把利刃，切穿了高峻的山脉和平缓的山前丘陵，形成一条"色彩瑰丽、阶地密布"的安集海大峡谷，当地人又称红山大峡谷。

安集海大峡谷近乎垂直的崖壁并非坚硬的石质，而是砂石与土的结合体，斑斓的色彩来自不同地层的泥岩、粉砂岩和砂岩。在河流的不断冲刷作用下，峡谷两侧崖壁也不断崩塌，导致河谷越来越宽，横切面趋向于“U”字形。辫状河流在宽阔的“U”形谷里“任性”流淌。河谷冲积扇规模宏大，以伞形向北张开，开阔的河漫滩上，卵石巨砾直铺天际。

简析安集海大峡谷“色彩瑰丽、阶地密布”形成过程中主要的地质作用。

笔者在命题总结评析中，就曾把该组命题拿出来供全市教师共同讨论。考前，笔者也在课堂上组织学生练习过这组试题，但从后来访谈考生的情况看，学生对本组题考核的结果并没有完全理解，由此可见，自然地理部分的内容尤其是地质方面的考题对学生来说有着相当的难度。

考察发现，这些阶梯状台地和我国南方的一种耕作用地——梯田的形态有些类似，只不过这里的台地规模非常大，也没有明显的耕种痕迹，而且也没有梯田那么密集，既不对称，也没有一定的规律性。那么，这些台地究竟是什么？

据以往的资料显示，峡谷附近出现梯田的现象并不罕见，但不同的是，在这些峡谷附近，均是村寨聚居的地方，而安集海峡谷附近人员稀少，除了一些破败的土坯房外，偶尔出现的毡房，也只是夏季来此放牧的牧民们临时搭建的，因此，从现有情况来看，这里似乎并不具备梯田出现的人为条件。那么，这些犹如波浪般扑面而来的阶梯状台地，究竟是什么？会是很久之前就已经废弃的梯田吗？如果是的话，难道说在这看似荒凉的草原戈壁上，还曾有着不为人们所知的农耕文明？如果不是，又是怎样的力量造就了如此巨大而规整的阶梯构造呢？

继续考察发现，在峡谷旁边有好几道狭长的裂缝，它们形状错落、高低不一，这些裂缝都是地震形成的断裂带，断裂带与峡谷的位置相隔不远，眼前的断裂带形成的年代很新，与安集海峡谷的形成时期完全不同，因此两者在形成上并无关联，但地震带的发现也侧面证明了峡谷这一带地区有着相当活跃的构造运动，从规整度和与台阶的相似度来说，以前的断裂带似乎并非地面队员所说的阶梯状台地。综合附近的环境，仔细观察分析后可得出这些阶梯状台地并非人为因素造成的。

真实成因是，阶段性的地质抬升与河流的下切相互作用，在河谷两岸形成了蔚为壮观的多级河流阶地。这种构造，反映了至少十次地壳抬升，河道下切。大致形成于中更新世至晚更新世，由于河流切割新生代地层，后期的构造运动又使得山体不断抬升，于是河流频繁下切抬升的地层，逐渐在峡谷两岸形成了广泛分布的多级河流阶地。没有规律，是因为平常下雨时，最上面平台上的水流会顺着低洼区域流淌下来，将阶梯表面风化掉的岩石不断冲蚀，日积月累，把阶梯状构造破坏掉了。

由上，得出该题的参考答案：在相对稳定期，河水以侧蚀为主，使河道展宽，并在河床堆积大量沙砾沉积物；多次阶段性的地质抬升与河流下切相互作用，在峡谷两岸形成了广泛分布的多级河流阶地。

这道试题，也充分表明，在探究地理事象的成因时，我们既要大胆推测，又要小心求证，而且这种求证必须依据客观真实存在的证据。

从2018年化学高考第8题可以看到，与大家所想象的学科之间的隔离、割裂完全不同的是，自然科学各个领域的成果都在不断地交流。

从2018·全国I卷地理第2题“与岐阜相比，大连地下工厂的设计与施工较少考虑的问题”中，我们可以强烈意识到，高考已经由原来重在“解题”向现行重在“解决问题”以及由原来重在“做题”到现行重在“做人做事”的方向转化。其实，安全问题在现实生活中，会因概率小一点，就可以较少考虑设计和施工的标准吗？在任何一个地方修建大型建筑物的时候都需要考虑防震、抗震级别，再怎么相比，大连的地下工厂也不能少考虑啊，如此一来岂不是“豆腐渣”工程了么？因此，从这个角度看有人认为本小题引导性较差，作为高考试题的立德树人、导向教学方向来说，给这题差评。当然，从考查“板块与地震”相关知识及两地相比判断来说，是无可厚非的。

所以，新课标坚持立德树人，突出关键能力。

2018年16号台风“贝碧嘉”，被人笑称为“被逼嫁”，因为她的走势最令人匪夷所思，始终充满动态变化，出乎意料地在广东雷州沿海登陆后，杀个回马枪移入北部湾后又再次加强为强热带风暴级，在越南登陆。天气的复杂性在时刻警醒我们人类，也在颠覆人们固有的单一认识。

如，我们知道在干旱区域出现的风蚀蘑菇，多由风力侵蚀而成，而西樵山科考地点的“冬菇石”成因，则要依据区域位置和当地环境来做出不同的判断。

我们在考察现场时边看边思：

（1）岩石从哪里来？

（2）从哪里掉下来的？

（3）为什么会掉下来？

（4）判断从别处掉下来的依据是什么？（与原地比较）

（5）哪一块先掉下来？

（6）为什么会形成这样的形状？（关注周围环境）

（7）不同部位地质作用相同吗？（流水侵蚀和差异风化）

在考察过程中，我们一直在思考这样一个问题：“在野外考察时，如何运用理论知识对地理事象进行推测？”因为这个问题，不但是我们在课堂情境化教学时要回答的问题，更是学生在解题时要解决的问题。

因此，在野外考察过程中，先要进行位置和周边环境情况的观察，目的是为了充分把握到地理学科的时空尺度，然后思考如何运用课本涉及的理论知识，结合实际阐释地理事物或地理现象。而这种阐释一定是依据观察信息或地理事象而做出的。对于获取和解读信息、调动和运用知识、描述和阐释事物、论证和探讨问题这些能力要求，在高考中根据情境化材料来解题已体现得越来越明显：

如2018年全国1卷37题第1问：河流排水受阻常形成堰塞湖，乌裕尔河排水受阻却形成沼泽湿地。据此推测扎龙湿地的地貌、气候特点。（6分）

分析：通过图文材料，我们要注意到区域的空间尺度，因为从大尺度来看，该地地处松嫩平原，平坦开阔，但该题讨论的只是一个小尺度的区域，因此我们不能以大尺度区域特点来判定小尺度区域的地貌特点，依据的信息有“堰塞湖是火山熔岩流、冰碛物或山崩滑坡体等堵截山谷、河谷或河床后贮水而形成的湖泊”。而此处没有堰塞湖而成湿地，又从材料中得到扎龙湿地的面积较大，积水较浅，可推测该地地形平坦、开阔。因此，“地势平坦、开阔”的地貌特点是基于图文材料信息经过合理推测得出的。

在乌裕尔河注入嫩江时，水的损耗环节有：径流注入嫩江、蒸发、下渗、地下径流；在乌裕尔河成为内流河之后，上述环节中径流排出已经消失，而下渗、地下径流基本变化不大，则水去哪儿了呢？根据排除法可知，水分主要通过蒸发环节排出。故而推测出此地蒸发量较大。

此为外流区中的内流河。东北松嫩平原北部的内流区是早在几十万年以前，就发展形成的一个大型凹陷盆地，平原东北西面山地的各条河流相聚延伸到平原内，形成嫩江、松花江、讷木尔河、乌裕尔河、呼兰河等大型河流，相当长时间乌裕尔河是嫩江的支流，后来平原产生差异性沉降，致使嫩江西移改道，加之河口淤塞等原因，乌裕尔河最终成为“找不到娘家”的闭流无尾内陆河。乌裕尔河下游失去河道以后，河水漫溢消失在地势低洼的平原内，因地下水排泄和循环慢，地表径流也缓慢，蒸发较弱，地表季节性或常年积水，平原低洼区最终形成一大片封闭的永久性淡水沼泽区，也就是我们熟悉的扎龙湿地，湿地有许多小型浅水湖泊和广阔的草甸、草原组成，成为一些水生动物和珍稀鸟类的乐园。正常年份乌裕尔河系和嫩江水系不相往来，但若遭遇特大洪水，两河也有可能存在一定的水量交换。

又如，2018 年全国 3 卷 37 题第 2 问：T 时刻该区域的锋面数量发生了变化。推测 T 时刻前该区域锋面的数量，并分别说明锋面形成的原因。(8 分)

本小题考查了天气系统之冷暖锋的形成与演变，难度较大，需要考生有较强的逻辑推理能力，要将图中的静态信息演绎成动态的过程。从设问信息里可以知道“T 时刻该区域的锋面数量发生了变化”，而图中就是 T 时刻的海平面气压分布图，根据锋面的走势与曲线轨迹来看，此时应为 2 条锋面（注意：因标注气压值出现的白色区域正是考查解题者功力的一个“美丽的错误”）。所以 T 时刻前该区域锋面的数量肯定不为 2。但 T 时刻前到底是多少，因为给出一个时间尺度相对模糊，所以答题时应从多个角度考虑。

这里涉及了温带气旋的生命史。时间段不同，轨迹有别。

结合图中的西北部高压，东南部低压即气旋，T 时刻前的锋面可能：第一种情况是 1 个锋面。气旋两侧的锋面还没有形成，即在气旋的形成初期时，只可能在冷高压前缘形成 1 个锋面；其形成原因是冷高压中南下的冷气团与气旋所在区域的暖气团交汇形成冷锋；第二种情况是 3 个锋面。此时气旋已经形成，除了冷高压中南下的冷气团与暖气团形成的 1 个冷锋外，还有气旋在旋转过程中，四周空气汇集，北上的暖气团与南下的冷下团在逆时针旋转过程中形成的冷锋和暖锋2个锋面。

早期的温带气旋模式由皮叶克尼斯提出。特点是：温带气旋形成于一条锋面上，在此锋面上有较强的温度对比和风的气旋性切变。温带气旋的生命史共分为四个阶段：波动阶段、成熟阶段、锢囚阶段、消亡阶段。

这道题促使我们的教学要进行反思：教师在课堂上如何让学生理解地理概念和地理过程？这道题之所以出其不意，是问法不同寻常。常规考核较常见的是考查影响的结果，而该题考查的却是根据结果反推其形成过程。我们当前的课堂在教学本节知识内容时容易出现的情况是：

（1）考虑现实情境多，容易忽略图形分析。

（2）分析气压分布多，忽略现实情境影响。

（3）考虑瞬间影响多，容易忽略动态分析。

（4）考虑影响结果多，较少分析形成过程。

因此，考查天气系统的冷暖锋的形成与演变，已经由原来的静态信息演绎变成现在的动态过程（要注意时间尺度）考核，这样更能考查学生的思维过程。

又如本题第3小问：预测P点将要发生的天气变化。(8分)

这是一个动态变化过程，要充分考虑到时间与空间的尺度，尺度不同，变化有异，描述便不同。

本小题考查天气系统对天气的影响，解题时要注意冷暖锋的变化状况，它们并不是固定的，而是动态变化的，这也是天气预报时需经常注意的一个情况，只是大家平常容易忽略罢了。

P点当前处在暖锋的锋前，天气可能的变化是：当锋面过境时，会有阴雨、升温天气；锋面过境后，天气明朗，气温上升，气压下降。

注意，这是北半球的气旋，它是逆时针旋转的并不是固定不动的，所以在未来稍长的一段时间内，P地还可能会受冷空气南下的影响，因此P地还会受到冷锋的影响。当冷锋锋面过境时，可能出现大风、降温、雨雪天气，如果暖气团中水汽含量少的话，由于当前为春季，还可能出现沙尘暴天气；冷锋过境后，气温下降，气压上升，天气晴朗。

该题对高中地理教学与学习也是一个启示：把握地理事物尺度是地理学的基本方法也是基本思想，研究地理事物的尺度包括空间尺度和时间尺度，不同空间尺度的地理事物会产生不同的地理效应。类似数学动点的问题，在倒逼我们的地理教学要做出一些改变。

地理研学，是一种科学态度的培养，即好奇心、行动力、思考力的方向培养。地理的复杂性体现在地理的综合性，空间思维综合认知能力的培养需要到大自然中去感悟，在大自然中辨认方向、认知地貌、分析区位的选址等，从“实践”中直接探究分析。

在广州十八罗汉山考察点，我们观察到在沙湾断裂构造带的山路上，随处可以看到裸露的红色砂岩，与其他地区的丹霞地貌不同，该地的红色砂岩呈现出明显的球状风化景观。我们由此可以推测该地成岩时的古地理环境以及后来经历的地质作用。

在西樵山天湖考察点，我们依据天湖公园东侧发现的大块火山集块岩及负地形推测火山口存在的证据。在翠岩考察点，我们依据阶步、断裂面、擦痕等推测断层峡谷的形成。以上判断和推测都需要我们用综合思维的方法，去大胆推测，但无一例外需要小心求证。

在鼎湖山西沟考察点，因鼎湖山的植被类型较多，这次我们主要针对其亚热带季风常绿阔叶林和沟谷雨林进行考察，以此研究比较亚热带季风常绿阔叶林和沟谷雨林植被的差异。

（1）亚热带季风常绿阔叶林（图 3－22）。在缓冲区低山和丘陵随处可见。温暖、湿润的环境让这里既不像在旱季有集中换叶或落叶特征的热带季雨林，也不完全像亚热带常绿阔叶林，而是具有向热带植被过渡的性质，为我国亚热带南部所特有。主要表现在群落外貌上是终年常绿，而且群落的组成种类和结构都比常绿阔叶林复杂，组成种类以热带性的科属为主，森林下层植物表现显著；而森林上层的亚热带树种优势现象较明显。它们的树冠呈广伞形，冠辐大，林冠层不连续，树皮较粗糙，树干高大挺直，主要种类有壳斗科的锥栗、茶科的荷木等。据记载，鼎湖山的亚热带季风常绿阔叶林已有 400 多年的历史，它是经过长期的人为保护而存留下来的，至今仍保存着原始森林的面貌。

a. 亚热带季风常绿阔叶林上层　b. 亚热带季风常绿阔叶林下层　c. 荷木　d. 锥栗

图 3－22　亚热带季风常绿阔叶林

（2）沟谷雨林（图 3－23）。主要在缓冲区和核心区的山间谷地可见。它实际上带有热带山地雨林的某些特征，如绞杀、茎花、板根现象（下图），藤本植物（下图）和附生植物均较丰富，群落的组成成分和外貌结构较复杂，这反映了分布地气候温暖、阴湿和静风的环境。主要种类有青果榕、棕榈科的鱼尾葵、扁担藤等。

板根形成的原因，主要是因为热带森林中的上层乔木多是阳性树种，它们为了夺得阳光，总是力图加速生长，以超越其他植物使自己的树冠伸高，而高的树干需要牢固的根基，因而树干基部地面的粗大侧根就发育成板状根，作为这种“牢固的根基”。

a. 板根

b. 扁担藤

对于茎花的原因，华莱士认为，这是热带雨林下层小乔木得不到充分阳光和空间的一种适应，这种适应得以使花朵展开在喜阴蜂蝶类面前，而完成受粉过程。

c. 茎花

图 3 – 23　沟谷雨林景观

沟谷雨林中的板根、藤本、绞杀、附生和茎花等现象无不给人以生命的启示，而且每一种珍稀动植物都在向人们讲述一段久远而沧桑的生命历程。

通过这次的研学考察，参与者直观感受到了地理知识在实际生活中的落脚点，即使是同一自然带、同一区域的山体，由于所处位置、地形部位的不同，其水热状况不同，因而其自然景观也有差异。

2014 年，国务院印发《关于深化考试招生制度改革的实施意见》，启动中国新一轮考试招生制度改革。2020 年，国务院印发《深化新时代教育评价改革总体方案》，再次对考试招生制度改革进行部署。高考命题从能力立意走向素养导向、从单一评价走向多维评价，形成了具有中国特色的考试评价范式；与高中育人方式改革和高考综合改革同向同行，实现了学生成长、国家选才、社会公平的有机统一。

现行高考内容更加科学服务选才，实现高考由解题到解决问题的转变。现行高考制度强调优化考查内容、丰富呈现方式、创新设问角度，注重考查支撑学生未来长远发展和适应社会进步要求的关键能力，让善于独立思考、认知能力强的学生脱颖而出。高考命题反对套路、反对背素材，材料来源于生活，接地气，死记硬背、机械刷题、题海战术越来越难以发挥作用。

受到高考形式的限制，对于地理实践力的直接考查与评价难度较大。通过以上高考试题的研究发现，高考中对地理实践力的考查大多表现为提供真实的情境与素材，提出问题，以此来考查学生调用地理知识、处理地理信息、分析和解决地理问题的能力。这样的题目，可突破纸笔测试的局限性，考查学生的地理实践力，尤其是通过提供学术化情境，考查学生分析探究自然地理原理的能力。通过这种形式，将专业的地理学者通过野外考察获取的或学术研究中的某一自然事象数据等转换成图文信息，引导学生对自然地理原理进行分析和探究，这是当前高考对“地理实践力”考查的重要方式。例如，2018 年全国Ⅱ卷 9 ~ 11 题，以“黄土高原汾川河流域内的降水、水量等情况”为背景，主要考查水循环、河流特征等知识。要求考生在做题时要对图文材料进行认真审读，结合所学原理、规律进行实际应用，考查了学生解读和获取地理信息、调用和运用地理知识、论证和探究地理问题的能力，让考生在真实的情境中探讨地理问题，凸显了地理实践力的学科素养，旨在引导学生树立科学探究、学以致用的观念。地理实践力培养方式如图 3 – 24 所示。

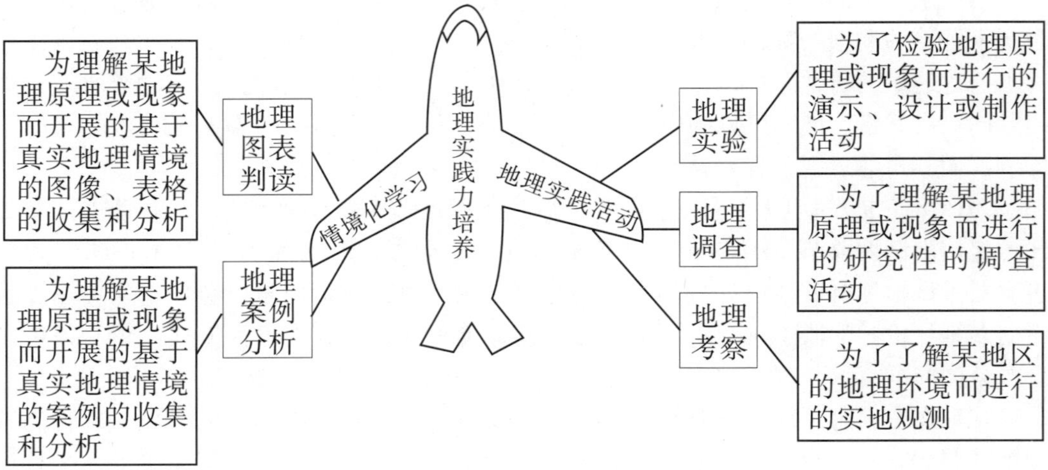

图 3－24　地理实践力培养方式

引自：《普通高中地理课程标准》（2017 年版）解读（韦志榕、朱翔）

二、高考备考应对地理实践力考查的策略

1. 规范开展多种实践活动

高中地理实践力的培养，应以课程标准为基础，以高考试题为导向，开展目标明确、实用性强的地理实践活动。实践活动开展前，要设计活动方案，预判活动的可行性与活动过程中可能出现的问题。活动过程中，要引导学生观察与思考、发现与解决问题，培养学生的动手动脑的实践能力。活动结束后，要对活动过程中的收获与感悟物化，形成文字性或其他可视形式的实践活动报告。

2. 注重提供真实情境素材

高考命题早已从知识立意转向能力立意、素养立意，突出了对学生知识运用、知识迁移的能力，即给定一个新的、真实的情境，如何创造性地解决问题。在地理学科核心素养提出来之前，倡导的是“学习终身发展有用的地理”。何为“有用”？就是能用所学知识解决生活中遇到的实际问题，这与地理实践力有不谋而合之处。

因此，我们在日常教学中，不能单纯地讲知识本身，而是要有意识地提高学生的知识迁移能力，多创设新的真实的情境，让学生培养以应用为导向的学习和思考习惯，以提升学生解决实际问题的能力，同时让学生学会用地理的眼光去认识和欣赏周围的环境。当然，要选择合适、恰当的情境，并非易事，需要教师日常做有心人，多收集、整理并积累教学情境素材。

通过对高考试题的分析，结合研学旅行的实践与反思，我们在应对核心素养时代的新高考时，实施教学或情境化备考的基本思路是：①精选案例素材，设计真实的地理情境（有时间、空间、情节和问题）。②引导学生将真实情境转化为地理问题，如追问式的问题链、发散式的问题组、聚焦式的问题群。学生发现和提出地理问题就是自我引导、主动建构的过程。③借助地图工具和学科思维方法进行实践探索，寻找地理解决方案。在问题解决中，引导学生感悟学科独有的思维模式和方法，发展地理核心素养。④通过展示、交流、评价，提高学生的归纳、反思和自省能力。⑤将解决问题的模式和方法迁移、推广到新的问题情境中，形成举一反三、迁移变通的能力。

教师要通过资源加工与整合将情境素材引入地理课堂，优化地理情境创设、改进情境活动设计，采用问题探究、主题学习和案例分析等学习方式，让学生在情境体验、探究和操作中领悟地理学科思维模式与探究方法，促进学生思维进阶、素养升级，进而培养创新思维与创新意识。

竺可桢先生提倡“理论要联系实际，科研要为生产服务。我们必得使理论与实际配合，使科学真能为农工大众服务”，他的第一篇气候变迁的研究论文是《南宋时代我国气候之揣测》，1972 年他发表《中国近五千年来气候变迁的初步研究》。竺先生遗留给我们的宝贵财富不仅仅是他丰硕的科研成果，还有他为我们留下的研究气候变迁之宝贵学术思想。

三、研学总结与反思

通过这次的研学考察，实现了间接经验与直接经验的握手言欢。考察活动采取的小组分工协作的方式，既有利于顺利完成考察任务，又有利于增进地理教师间的有效沟通和彼此了解，从而促成地理教师间亲密融洽的人际关系的建立，进而培养合作能力和团队精神，高强度游学一体的活动让专业知识更加丰富。收获颇丰的同时，但也还有一些方面值得总结和反思。

1．研学前要厘清的几个问题

在理解界定问题并做出预测或假设的基础上，对探究体验过程展开的思考，重点在于问题研究方案的选择和设计，包括实施研究的途径、形式、方法和技巧等，故研学前需厘清以下几个问题。

（1）我们打算怎样进行研究？可用哪些方法？

（2）我们怎样分工才能最大限度发挥人力、物力的作用？

（3）我们需要哪些资料？用谁的？哪里的？怎样获得？

（4）获取的资料与研究的问题有什么联系？对问题的解决有多大作用？

（5）我们怎样筛选获得的资料？怎样进行分类整理？

2．研学过程中的做法——随笔记录

研学旅行如果只满足于拍照、录视频，就会像过眼云烟一样容易忘记且不系统。利用现代化手段或者传统的纸笔写随笔、记录地理现象及研讨过程，是固化研学成果的重要方式。这次笔者使用传统的记录方式（见表 3－18）将 3 天的行程做了 14 个小随笔，这些记录为后来的成果整理、资料调用提供了极大的便利。

表 3－18

序号	内容	序号	内容
1	变质岩的特点	8	鼎湖山西沟的沟谷雨林
2	居民点分布与山体走向的关系	9	……
3	海蚀洞的形成	10	
4	红色砂岩及地貌的形成原因	11	
5	奇特的冬菇石	12	
6	天湖公园边的岩石	13	
7	翠岩的断层证据	14	

3．研学结束后的结果应用——照片和视频的处理

对于在考察结果呈现时只对每天的考察照片、视频简单汇总和命名，而没有更加深层次的总结归纳和延伸等问题。建议：

（1）在小组总结过程中每人可以在自己所拍的照片中选择 5 张进行专业解读。

（2）考察者以旅行地点为线索，将自己所拍照片进行归类整理，并把一些重要主题制作成微视频（见表 3－19），以供教学所用。

表 3－19

专题	所用照片和视频	专业链接
感受雨林	鼎湖山沟谷雨林外观及雨林植被特点的照片、雨林生态环境视频	雨林环境的特点
……		

4．研学后要提升认识

（1）研学旅行让我们认识到从大自然中来的重要性和必要性。视野限制了我们的想象，而在行走中，多姿多彩的地理环境充实了我们的知识，从生硬到生动，从条文到鲜活。

（2）野外考察构建了一种开放、生动、自主探究合作的学习方式，是课堂教学的延续、印证、检验和补充，它改变了学生以单纯地接受教师传授知识为主的学习方式，提供了多渠道获取知识的机会，是沟通地理知识理论与实践的桥梁。

（3）新课标实施背景下，地理实践力成为高中地理学科的四个核心素养之一。研学旅行为培养学生地理实践力提供了一个方向。

这样的研学考察活动，地理教师可以实地考察、探究地理现象，还可以相互交流专业知识，提升专业素养，为以后亲自组织实践活动和培养学生的地理实践力，积累了专业知识和组织经验。

当然，研学旅行的开展还存在一定的困难，如学生安全问题会带来诸多困扰。因

此学校要对研学课程进行精准定位，做好课程设计，发挥其独特的价值。有些家长有社会资源，也有策划才能，如能加入到课程开发的团队中，有助于丰富课程内容、拓展课程实施的空间。若能邀请专业人士参与，则能增加课程开发的深度，从而开发出品牌研学课程，彰显学校特色。在设计研学旅行课程时学校还要充分利用地域特色资源。

对家乡自然资源、文化资源等方面的探究，也能使学生的心灵得到滋养。在不能大面积组织研学旅行的情况下，用影像、网络教学模式替代传统教学也是一种方式。另外，要多途径加强积累，建立情境资源库。教师要做教学的有心人，巧于借力、逐步积累建立自己的地理情境资源库。在“互联网＋”时代，教师可以充分利用网络资源获取情境素材；也可以关注《地理教育》《中学地理教学参考》《地理教学》等期刊，从中搜寻优秀教学情境资料；还可以通过专家报告文稿、试题、教学设计等途径获取情境资源。

第五部分　其他

教育理论在地理教学管理中的应用

《中学教师专业标准（试行）》中的“专业能力”部分有“班级管理与教育活动”能力要求，包括良好的师生关系，结合学科教书育人，有针对性地组织开展德育活动，指导学生理想、心理、学业等多方面发展，有效管理和开展班级活动，妥善应对突发事件能力等。

强调有效运用教育理论于实际教学中的原因有两个：一是一些教育专业修养不高、教育教学基本理论相对缺乏的教师投身一线工作后，完全按照传统教学模式，生搬硬套地组织日常教学，没有及时地运用教学教育理论去不断改革和创新教学方法，时间一长，效果欠佳，不仅打击了师生积极性，更严重的还产生了职业倦怠感，影响班级管理。二是一些教育专业的教师投身一线教学，专业修养及理念思维层次都居上，在实践之前，都是带着自己的教学理念来的，积极性非常高。但基层工作的琐碎以及中国应试教育不可避免的弊端，使得大多数专业教育工作者在现实中颇感无奈。

教学是一份枯燥琐碎与不断自我摸索相结合的创造性工作。它可以很枯燥但也可以很有趣味。教师首先应摆正心态，运用教育理论，用心去热爱这份育人工作，热爱学生、热爱讲台；而后要不断提高自我专业和教育教学理论修养，广泛阅读教育名作，吸取好的教育思想，形成独特的教育观点。科学合理的教育理论是多年教学经验的总结，运用于实际教学更能发挥其作用，我们要运用教育学、心理学理论及教学理论来开展教学行为。

一、常用的教学理论

（1）孔子的教育思想。
（2）王阳明的“知行合一”。
（3）皮亚杰的发展观和认知发展理论。
（4）维果斯基的最近发展区理论。
（5）建构主义学习理论。
（6）杜威的实用主义理论、陶行知的生活教育理论。
（7）苏霍姆林斯基的人的全面和谐发展理论。
（8）布鲁姆的教育目标分类学理论。
（9）马斯洛的需要层次理论。
（10）加德纳的多元智能理论。
（11）奈瑟尔的认知心理学。
（12）奥苏贝尔的认知—接受学习理论。

二、常用的十大教育原理

（1）赏识法则——根雕原理。
（2）多元法则——过河原理。
（3）全面法则——图钉原理。
（4）鼓励原则——蛙跳原理。
（5）体贴法则——白开水原理。
（6）情感法则——钉孔原理。
（7）信任法则——罗森塔尔原理。
（8）行为法则——木碗原理。
（9）价值法则——苹果原理。
（10）整体法则——掰玉米原理。

三、常用效应

第一个效应：多用“我们”——自己人效应。
第二个效应：以心换心——角色置换效应。
第三个效应：没有白说的“废话”——调味品效应。
第四个效应：“数学老师说你很棒！”——第三人效应。
第五个效应：边吃边聊——可口可乐效应。

第六个效应：做一个真诚的倾听者——格林斯潘效应。

第七个效应：“是的，是的，可是……”——可是效应。

第八个效应：“有什么你就冲着我来吧”——安全阀效应。

第九个效应：褒贬适度最和谐——黄金分割效应。

第十个效应：先抑后扬，渐入佳境——阿伦森效应。

第十一个效应：让批评听上去很美好——三明治效应。

第十二个效应：“哪怕做一道题也好啊”——进门槛效应。

第十三个效应：漫天要价，就地还钱——让步效应。

第十四个效应：施加刺激，迫使接受——震慑效应。

随着教育改革的不断深入，使教师的角色发生了变化，由单一的知识传递者逐步转变为学生的引路人及学生学习的辅导者。随着教育教学方式的不断创新，迫切需要把教育理论合理应用到教育教学中，深入到师生关系、教学目标、教学环境、教学模式等方面。合理应用教育理论，可以在学生的学习方式、教师的授课方式及师生关系方面产生有力的推动作用。在地理教学管理中，只有不断摸索、总结和反思，才能做到理论与实践相结合，用爱诠释教育真谛，用心谱写育人新篇。

参考文献

［1］杨向谊．如何当好教研组长：中小学教研组长专业素养与行动［M］．北京：中国轻工业出版社，2020．

［2］罗树庚．教师如何快速成长：专业发展必备的六大素养［M］．上海：华东师范大学出版社，2019．

［3］曾军良．给教师的成长建议：自“觉”成就卓越［M］．上海：华东师范大学出版社，2021．

［4］陈芳．新课改下中学地理概念教学的实践与思考［R］．内蒙古：包头包钢一中，2021．

［5］韩加强．2021 年高考地理试题评析及教学建议：以全国甲卷为例［R］，2021．

［6］张渺，刘如楠．最坚实的纪念［N］．中国青年报，2018－07－25．

［7］熊安文．天气转好不等于雨过天晴［J］．地理教育，1999（4）．

［8］黎加厚．积件的组成、特点及开发［J］．计算机世界，1997（5）．

［9］谢小庭，黄耀忠．建构主义理论与中学地理多媒体组合［J］．广东电教，1998（5）．

［10］黄耀忠．用 INTERNET 实现积件库的构想［J］．中国电化教育，2000（4）．

［11］黄耀忠．基于认知灵活性理论下的多媒体计算机积件教学模式的探讨［J］．中小学电教，2001（11）．

［12］涂德．中学地理创新教法［M］．北京：学苑出版社，1999．

［13］孙大文．地理教学［M］．杭州：浙江教育出版社，1998．

［14］戴汝潜．王树声地理教学理论与实践研究［M］．济南：山东教育出版社，1997．

［15］詹德优．信息咨询理论与方法［M］．武汉：武汉大学出版社，2010．

［16］肖凌．浅议地理教育对学生素质的培养［J］．中学地理教学参考，1997（7）．

［17］李承林．地理—现代公民必须具有的基本文化素质［J］．中学地理教学参考，1995（21）．

［18］广东省教育厅教研室．广东省普通高中新课程学科教学指导［M］．广州：广东

高等教育出版社，2004.
[19] 珠海市中小学创新教育模式研究课题组编《创新教育读本》（珠新出许字第K00158号）.
[20] 刘月霞，郭华. 深度学习：走向核心素养理论普及读本［M］. 北京：教育科学出版社，2021.
[21] 于漪. 于漪全集［M］. 上海：上海教育出版社，2018.
[22] 李冲锋. 教师如何做课题［M］. 上海：华东师范大学出版社，2020.
[23] 袁孝亭. 地理学科的关键能力及其培养［R］. 长春：东北师范大学，2021.
[24] 刘景奎. 明晰重要概念，掌握动态分析方法［R］. 空中课堂，2020.
[25] 袁书琪，地理教育学［M］，北京：高等教育出版社，2001.
[26] 李琳，地理教师教学能力的结构、层次和提升［J］，中学地理教学参考，2015（12）：4-6.
[27] 吴儒敏. 高考地理素养立意：命题范式转变与教学应对策略［R］. 合肥：安徽省教育科学研究院，2017.
[28] 李富明，李慎中. 高考评价体系下地理情境的运用与备考策略［J］. 地理教育，2021（7）：46-50.
[29] 吴小勇，高中地理学困生大数据分析诊断评价在教学中的应用研究［J］. 中学生报，2022（36）.
[30] 朱彩虹. 浅谈高中地理野外观察观测活动的有效开展［J］. 地理教育，2011（Z1）.
[31] 姜钢. 高考承载为国选人育人的重大使命［N］. 人民日报，2017-06-20.
[32] 唐甲力. “标准”背景下的高中地理教师专业化发展研究——以武汉市为例［D］. 武汉：华中师范大学，2013.
[33] 何华宇. London 的职业动机理论及其对教师专业发展的启示［J］. 中国高等教育评估，2009（2）.
[34] 李家清. 新理念地理教学论［M］. 北京：北京大学出版社，2009.
[35] 陈澄. 新编地理教学论［M］. 上海：华东师范大学出版社，2007：126.
[36] 孔燕，吴儒敏，朱晓果，等. 学术情境试题的目标定位与编制策略［J］，中国考试，2016（9）.

后　记

我平时也写一些论文和做一些课题研究，但往往是零散的，且缺少系统的思考。我作为一名地理教师，且分管教学工作多年，长期的思考、写作以及偶尔在培训会做的汇报，便有了点滴的积累。现在回过头来，思考我的专业成长经历，三十年来，时过境迁，尤其是经历过两次大的课改，很多的提法已经和以前大相径庭，但我反过来又觉得这就是一个成长过程，能看到成长的轨迹，所以看着以前写的文字虽然显得非常稚嫩，但终归是当时的阶段性思考，然后以中学教师专业标准的角度，做一些前后联系的逻辑性思考并集结起来，算是对我过半的职业生涯思想和实践的检视，也是一次敝帚自珍式的梳理。

本书的出版要感谢对我教育教学有深刻影响的两位老师：一位是刘宏光老师，另一位是施美彬老师。

刘宏光老师对我的影响是全过程和全方位的。由于刘老师是珠海市地理教研员，所以我专业上的成长很大程度上得益于他给我压担子和悉心的指导，他每一次给我任务都是充满诚恳和信任的，点拨更是细致到位，使我经常感恩在我的生命中能遇到那么好的贵人！我也在这么多重担和历练中逐渐成长成熟起来。总之，刘老师在我专业发展道路上起着亦师亦友的作用，每一次布置任务，都是在督促和鞭策我的成长，即便是在我最艰难的时候，由于他的鼓励和帮助而始终使我没有丢失生活和工作的信心。

施美彬老师对我的帮助更多是精神层面的，他那儒雅的谈吐、谦虚的态度，全然不会让人感觉到作为一名广东省地理教研员所带来的压迫感，但他学术上高深的造诣、治学上的严谨和深邃的思想，却让我肃然起敬、高山仰止。这样一位全国知名的青年才俊，却总是待人热情、乐于助人，大家风范让我感动、感激和敬佩。

我要感谢曾经的同事周立清校长，他经常鼓励我出个人专著，也多次伸出援手给予我无私的帮助。感谢珠海市斗门区第一中学和珠海市田家炳中学每一位地理同仁和学生们，在与我的相处中给了我很多工作的动力和帮助。感谢珠海香山名师袁廉兴老师，他对工作充满激情，身上像装着马达永远有着不竭的动力，他的省名师工作室也为我提供了历练的平台，对教学设计和这本书稿提供了很多好的建议。感谢科组长吴永忠老师，与我谈到了他做教研组长的总结感悟。感谢周群、花溪两位老师，为我提供了一些地理观测的图文资料。感谢蔡虹琦老师提供了校园垃圾分类调查的设计。

写这本专著的动力，也源于学生们的鼓励。

2022 年 9 月 1 日上午上完新学期的第一节地理课，我就接到调离斗门一中的通知。学生们的不舍之情，时常让我感动，也时时激励着我。

珠海市斗门区第一中学 2022 届 11 班的林可欣同学写道：

亲爱的谢校，刚知道您是我们的地理老师时，我很意外，那个时候的我对您并不了解，甚至很担心身为副校长的您会不会非常严厉会不会有很大的架子，对未来的地理课充满了未知。一个学期下来，我们真真切切感受到您是一位好老师！您不仅教我们知识点，更传授了我们实实在在的好方法，培养我们地理学科素养。您更是一位好朋友好家长，您把自己的地理杂志分享给我们看，牺牲课堂时间给我们讲班会，教我们做人做事，在朗诵活动上是我们班的专属“机位”，您可知道，被副校长宠爱的我们是多有底气，您是我遇到的在高中阶段第一个记名字这么快的老师！您那么那么忙，一定也花费了不少时间来记住我们，您也会在晚修抽空来帮我们班的同学查漏补缺，从点点滴滴都足以看出您对我们班的用心，给予了我们那么多的温暖。这个学期科任老师变动那么大，当知道您还是我们的地理老师时，我真的好开心，很庆幸还是您。但这突然的离别让我们猝不及防，虽然知道校级领导会经常变动但还是很不舍得，都还没跟您正式告别。老师您放心，11 班是个有情有义的大家庭，大家都特别喜欢您，您的短暂陪伴也给我们带来了深刻的影响，我相信，11 班一定会越来越好的，希望您也可以在新的环境继续发光发热，温暖更多的人！我们爱您！

珠海市斗门区第一中学 2022 届 11 班的赵苑婷同学写道：

9 月 3 日有感而发：

9 月 2 日来上地理课的另一位老师说：“你们谢校调到和风中学了”……当时开学满满的心情瞬间跌落至谷底，甚至出现了不想上地理课的念头。

换老师再正常不过了，有人会说“哎呀，没必要吧”。我只想说每个人的感触不同，而且这也是我的第一次。但他是我遇到的老师里极少数能影响我人生观、学习观的老师。

教学上，可以明显感受到他和其他老师的区别，我也收获了学习地理的有效方法，我甚至对未来有过规划，如果我以后的职业是地理老师，我或许会从他身上学习教学的方法；为了活跃课堂，他会唱起陕西山歌……

课堂上我尽管不活跃，但一分一秒我也不愿浪费。其实比记住一个人更深的，是记住他影响自己的一切。

OK，不多说了，希望有幸被谢校教到的和风朋友们一定要好好珍惜谢校的课。最后一句话："我一定学好地理！"。

在教师节，赵苑婷同学又给我发来问候：

一朝沐杏雨，一生念师恩！

在和老师学习的短短几个月里，我学到的不仅是知识，更多的是如何面对困境，在迷惑中找到方向！日后的学习里我一定会再接再厉。感谢老师带给我这么多温暖！

祝老师节日快乐，身体健康，工作顺利！

我常常在想，这也许就是教育的真谛。"一分耕耘，一分收获"，平时点点滴滴的付出，即使再苦也都是值得的；同时，所有的劳累和疲倦也会在这一刻烟消云散。

2018—2021 年，我带完了我主管的 2018 级，这届学生的成绩是我最满意的作品，全年级普通类高考高于 600 分的学生有 31 人，在各个数据上取得了近几年相同生源情况下的最好成绩。2021 年 6 月，我收到了 2021 届 14 班毕业生何杏岚同学的来信，她写道：

尊敬的谢校：

您好！都说人与人之间的尊重是相互的。是否真正尊重一个人，对方一定能真切地感受到，您确实是个真诚、能赢得别人尊重、别人也愿意去尊重的人。

回望过去，您其实为我们做了很多。您的"有求必应"，让我们在学校愉快地度过了一个个"酷暑寒冬"，使我们能在学校安心学习，便捷生活……

真正让我有冲动写下这封信的原因，是您给我们分享您和您女儿之间的事情，以及她在大学的一些成就。看得出来，您有一个很好的家风，阳光向上却也规范，父母尊重并鼓励女儿，女儿也懂得言谢，知道感恩。无论是作为父亲，抑或师长，在我看来您都是通情达理、有人情味儿的……

君不见长松卧壑困风霜，时来屹立扶明堂。

总之，很开心能在 14 班得到您的帮助，获得言传和身教，学会温和说话，更好地处理好与同学的关系。"受光于隙见一床，受光于牖见室央，受光于庭户见一堂，受光于天下照四方"。您就是这样的人，我如此认为。

希望谢校您身体倍儿棒，毕竟健康是人生最重要的一笔财富！

以上这些充满真情的文字，很温暖，也让我很感激。我很珍惜这份师生情，这些文字时常激励我更好地去教书育人。学生每一双充满对知识渴求的目光，都打动着我，并鞭策着我要用心、用情上好每一堂课！

生命的痕迹化作一个个美妙的文字，幻化成一篇篇有血肉、有温度的硕果。这本小书的付梓，让我看到岁月流淌的另一种模样。

本书使用了一些他人的资料，如果一时疏忽，没有注明出处，望作者谅解。

如果说本书还能保证一定的质量，它和冯兴编辑的努力分不开，他总是很耐心诚恳地为我解决编辑上的问题。

最后感谢我的兄长为本书提出了很多很好的建议并亲自做了修改。感谢妻子的支持，让我在繁忙的工作之余，还能腾出时间与精力来完成此书，并借此全面自省一下自己在教学方面存在的不足，以期达到抛砖引玉的效果，能获得更多教育前辈和同仁的帮助和指导。

谢小庭于珠海
2022 年 10 月 2 日